依据教育部《中小学生环境教育专题教育大纲》编写

国家环境保护模范城市推荐教材

环境教育 第二版

高中二年级（下册）

环境保护部 组织编写

中国环境出版社 · 北京

图书在版编目（CIP）数据

环境教育. 高二. 下 / 环境保护部编. — 2版. — 北京：中国环境出版社，2015.3（2016.5重印）
ISBN 978-7-5111-2283-4

Ⅰ. ①环… Ⅱ. ①环… Ⅲ. ①环境教育－高中－教材 Ⅳ. ①G634.981

中国版本图书馆CIP数据核字（2015）第051623号

本册编委会

主　　任：潘　岳　　**副主任：**陶德田　李　蕾
主　　编：王　民　　**副主编：**蔚东英
编写人员：高翠微　占凯伦

出 版 人　王新程
责任编辑　葛　莉　董蓓蓓　郑中海
责任校对　尹　芳
设计制作　杨曙荣

出版发行　中国环境出版社
（100062 北京市东城区广渠门内大街16号）
网　　址：http://www.cesp.com.cn
电子邮箱：bjgl@cesp.com.cn
联系电话：010-67112765（编辑管理部）
010-67113412（教材图书出版中心）
发行热线：010-67125803 010-67113405（传真）
印　　刷　北京中科印刷有限公司
经　　销　各地新华书店
版　　次　2004年7月第1版，2015年12月第2版
印　　次　2016年5月第2版第2次印刷
开　　本　787×1092 1/16
印　　张　4
字　　数　80千字
定　　价　9.80元

第二版前言

环境教育教材已使用十多年，收到了良好的教育效果。随着环境问题的日益复杂化，我国把环境保护提升到空前的高度。环境保护的新技术不断涌现、新政策法规相继出台，环境教育教材的内容开始显得已陈旧过时了，本版教材做了全面的修改。再版修订主要有以下三个方面：

（一）生态文明的理念贯穿整套教材。生态文明是人类社会文明发展的一个新阶段，即工业文明之后的文明形态，生态文明是以人与自然、人与人、人与社会和谐共生、良性循环、全面发展、持续繁荣为宗旨的社会形态。以生态文明为基本理念编写的新版教材更加符合现代社会发展的要求。

（二）以社会可持续的、和谐的发展为基本内容。本版教材保持“环境与生态、环境与文化、环境与科技、可持续生产与消费、绿色生活”五大板块，内容全面，不局限于环境本身，而是从社会的角度来讨论环境问题，具体就是从生态、文化、科技、生产与消费及生活等方面来分析。这也是国际环境教育发展的趋势，即从环境教育向可持续发展教育迈进；这种迈进，更加符合现代社会对环境教育的要求，更加有利于培养学生全面地、综合地、实事求是地看问题。

（三）立足于培养学生的社会责任感，强调培养学生从思考到行动的能力。一方面，本版教材选取了大量最新的社会现实案例、时事热点新闻、政策法规，让学生结合这些真实的材料进行思考、讨论，逐渐形成负责任的环境意识。另一方面，本版教材遵循价值观教育的方法，讲事实、摆材料，没有生硬的说教，这从教材的编写体例就可以看出。本版环境教育教材的栏目设有“预习探究”“参与与展示”“习得与领会”“思考与行动”，始终强调学生的参与，力求克服社会上在环境教育方面存在的知行脱节、能说不能干的问题。

希望第二版环境教育教材能为推进中国的生态文明建设、提高学生的环境意识做出努力。

王　民

2015年1月5日

目录

模块一 环境与生态

第一课 可持续发展是人类的必然选择

清新空气、蓝天白云、鸟语花香、潺潺流水、国泰民安、经济富裕，这是全人类的希望。然而，伴随着众多经济指标的增长，人们生活环境的质量却不容乐观，资源枯竭、土地沙化、水和空气污染等日趋严重的人口、资源、环境、生态问题，对人类自身的生存和发展造成了很大的威胁。

人类迫切地希望能找到一种人与自然关系和谐、全社会持续协调发展的生产、生活方式。于是，可持续发展观作为一种新的发展观悄然兴起，并引起了全世界的普遍关注。

预习探究

目标

- 理解可持续发展的概念；
- 了解可持续发展实现的途径；
- 培养合作意识和探究意识，培养社会责任感和解决环境问题的能力。

方法和要求

（1）按照自愿原则，5～6人为一个任务组，并推选出每组的负责人、资料整理员、发言人。

（2）借助互联网、报纸、书籍等，为进一步学习准备素材。建议将收集的资料进行提炼和整理。

（3）在查阅资料的基础上，每组选择一个角色（如可持续发展委员会成员、经济学家、生态专家、环保主义者、发展中国家的代表、发达国家的代表、不同代际的人、教育者……），从各自角色利益出发来探究可持续发展是人类的必然选择，并讨论该角色在实现可持续发展过程中应该采取的行动等。资料整理员和发言人对小组讨论意见进行梳理，并整理出发言材料。

（4）要求：组长协调，使各组角色不重复；征求教师意见，使角色安排恰当。

内容：

（1）了解三种发展观（传统发展观、零增长发展观、可持续发展观）的主要观点及其对人类发展造成的影响。

（2）理解可持续发展的含义。

（3）详细了解在经济或社会发展过程中出现的某一个典型问题，用可持续发展的观点设计正确解决该问题的措施。

参与与展示

活动一：小游戏、大道理

请同学们针对游戏进行讨论和评价，理解什么是可持续发展，为什么要实现可持续发展，可持续发展应该处理好哪些关系？

教师准备相当数量的独立包装的糖果和相当数量的小石子，每组一个不透明的袋子。

游戏规则：

- 参与者每一轮从袋子里取出一颗或几颗糖果，由自己保留或吃掉。
- 每位组员每一轮要从袋子里至少取出一颗糖果才能存活。
- 如果某位参与者没有找到糖果，他（她）就“死了”，不能继续参加游戏。
- 每位组员可以根据需要从袋子里任意取糖果。
- 每一轮结束时，数一数每个组的袋子里还有多少糖果；将同样多的糖果补充到袋子里。

游戏步骤：

(1) 按4人一组进行分组。

(2) 每组在一个不透明的袋子里放入16颗糖果。

(3) 给每个组员一把小石子。

(4) 从下列五个场景中选择一个与你的文化背景最适宜的场景。该场景表明，如果过度使用一种资源，这种资源或另一种资源就会以某种形式受到损害。

- 糖果代表一片耕地，小石子代表化肥、除草剂和杀虫剂的使用。
- 糖果代表一片牧场，小石子代表牧草的减少和产生的大量粪肥。
- 糖果代表捕鱼船一天的捕鱼量，小石子代表物种的急剧减少。
- 糖果代表乘坐汽车，小石子代表汽车排放的污染物。
- 糖果代表工厂生产的产品，小石子代表工厂对大气和水造成的污染。

(5) 第一轮和第二轮：第一代（现在的你）。参与者每拿出一颗糖果，马上在这个组的袋子里放入一颗小石子。

(6) 第三轮和第四轮：第二代（你的孩子）。参与者每拿出一颗糖果，马上在这个组的袋子里放入三颗小石子。

(7) 第五轮和第六轮：第三代（你的孙子）。参与者每拿出一颗糖果，马上在这个组的袋子里放入三颗小石子。

(8) 讨论游戏是如何进展的。

- 谁占了优势？为什么？
- 为什么参与者要尽可能多地拿糖果？
- 第一代的行为是怎样影响到第三代的？这公平吗？
- 在哪一轮出现“致命的一步”（引起系统的崩溃）？

(9) 各组重新开始游戏，不要袋子，参与者能管理共同的资源和污染。游戏规则相同。

(10) 讨论游戏是怎样进展的。

- 小组能持续利用资源，使第三代与第一代一样造成少量污染吗？
- 有哪个小组对化学物质的使用、载畜量、捕鱼量、汽车排放物、工厂排放物进行了限制？
- 为可持续利用资源，组内成员进行了多少次交流？

活动二：角色扮演

请根据“预习探究”的要求，每组（探究小组）发言人扮演不同角色进行演讲。

活动三：案例思考

发展中国家与发达国家在处理环境问题时为什么要遵循“共同但有区别的责任”？国家之间如何合作才能实现可持续发展？

案例

在2013年11月举行的“第13届上海对外经贸大学—德国阿登纳基金会WTO年度论坛”上，中国学者呼吁发达国家有义务向以中国为代表的发展中国家出口高技术设备和清洁技术，共同应对气候变化，而不能以“绿色壁垒”的名义限制发展中国家发展。

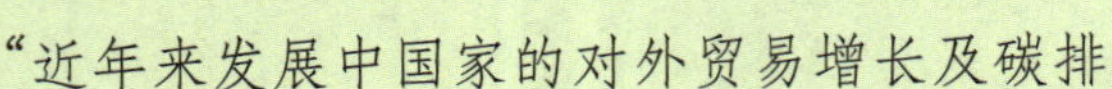

“近年来发展中国家的对外贸易增长及碳排放增加，与跨国公司推动的国际产业转移有密切关系。发展中国家在承接一些耗能和污染产业的过程中，实现了出口增长和经济发展，但也承受了巨大的排放压力，付出了生态环境恶化的代价。这虽然属于正常的国际分工，而非不公平竞争，却提示在应对气候变化问题上，发达国家不能单方面要求发展中国家对碳排放等量限制，而应遵循‘共同但有区别的责任’。”

“中国现已成为‘世界工厂’和世界贸易大国，但并不是世界强国，中国当前的对外贸易及其相关的生产方式仍然高度依赖能源消费，企业技术水平和创新能力仍然较低。面对‘贸易与气候变化’这一课题，一方面发达国家有更大的义务向中国出口高技术设备和清洁技术，而不是设置‘绿色壁垒’限制中国出口；另一方面中国政府应加强环境监管，引导企业加快转型升级，探索一条绿色环保的可持续发展道路。”

习得与领会

迄今为止，根据人类发展观的转变，可将其归纳为以下三种：

一、传统发展观

传统发展观的核心是物质财富的增长。按照这种观念，人们追求幸福的生活就是追求大量的物质财富，物质财富的无限增长似乎是社会进步的唯一标志。

在传统发展观指导下的经济活动往往是滥用环境资源，过度消耗石油、煤炭、淡水、木材等自然资源，经济活动产生的废物任意地排入周围环境，造成环境的严重破坏。

二、零增长发展观

经济增长所带来的严重而普遍的环境问题，使有些人产生了悲观的情绪。他们认为：人类正处在转折点上，如果继续遵循老路，等待人类的将是全球性的大灾难。持这种观点的代表性团体有罗马俱乐部等。自20世纪70年代初开始，罗马俱乐部发表了《增长的极限》《人类处在转折点》等一系列研究报告。

《增长的极限》指出：我们生活的地球是有限的，地球上的土地资源、不可再生资源、污染承载能力都存在着极限，它们对经济增长会产生限制，使增长存在一个极限。如果继续无限制地追求增长就可能很快达到地球上的某一个极限。最终，人口和工业生产能力都将发生不可控制的衰退。因此，为了避免灾难的突然降临，现在就必须自觉地抑制增长，使人口和资本保持稳定。

三、可持续发展观

以1992年联合国环境和发展大会为标志，世界各国开始接受可持续发展观。可持续发展观强调的是经济、社会和环境的协调发展，其核心思想是经济发展应当建立在社会公正和环境、生态可持续的前提下，既满足当代人的需要，又不对后代人满足其需要的能力构成危害。

这个概念是在1987年由世界环境与发展委员会向联合国提交的一份题为《我们共同的未来》报告中提出的。它有两个基本点：一是必须满足当代人特别是穷人的需求，否则他们就无法生存；二是今天的发展不能损害后代人满足需求的能力。

可持续发展鼓励经济增长，因为它体现国家实力和社会财富，但它不只重视增长数量，更追求改善整体质量，倡导提高效益、节约能源、减少废物，改变传统的生产和消费模式，实施清洁生产和文明消费。可持续发展要以保护自然为基础，与资源和环境的承载能力相协调。可持续发展要以改善和提高生活质量为目的，与社会进步相适应：改善人类生活质量，提高人类健康水平，并创

学生做义工

造一个保障人们享有平等、自由、教育、人权和免受暴力的社会环境。

可持续发展丰富的内涵概括起来有三点：生态持续发展、经济持续发展和社会持续发展。它们之间互相关联而不可分割。生态持续是基础，经济持续是条件，社会持续是目的。

共同但有区别的责任

1997年12月11日在日本东京召开了《联合国气候变化框架公约》第三次缔约方大会，签定了《京都议定书》，为各缔约方规定了具有法律约束力意义的减排指标。《京都议定书》以1990年各缔约方的温室气体排放为基数，规定2008—2012年，发达国家的温室气体排放量平均要比1990年减少5.2%。发展中国家不参加减排。这是历史上第一个具有法律意义的减少温室气体排放的文件。其核心内容是在解决环境问题上，发达国家与发展中国家需要承担“共同但有区别的责任”。“共同”二字，说明每个国家都要承担起应对气候变化的义务。“区别”在于发达国家率先减排，并给发展中国家提供资金和技术支持；发展中国家在得到发达国家技术和资金支持下，采取措施减缓或适应气候变化。

思考与行动

我们憧憬的未来

2012年联合国可持续发展大会首脑峰会在巴西举行。联合国可持续发展大会官方发布了题为《我们憧憬的未来》的最终文件，成为此次峰会最重要的成果。关于对未来的憧憬，一个巴西小伙子说：“我对未来有三点希望：第一，地球更干净、污染更少；第二，社会更感性，人与人之间的距离更加接近；第三，还给自然更多的空间。因为巴西是地球的肺，我们全人类更应该关注它的健康。”中国驻巴西大使也表达了自己对未来的憧憬，他说：“未来，我觉得应该是人与自然和谐相处，鸟语花香的和谐世

（1）你对未来有什么憧憬？请同学们相互交流一下。（2）个人行为真的会影响可持续发展吗？自己能为实现可持续发展做哪些力所能及的事？

界，这是我们应该共同追寻的美好未来。人与人和谐相处、人与自然和谐友好、人自身的自我和谐这三大和谐应该说是我们要建设一个更美好未来所必须努力做到的。”

绿色冰箱的产生与崛起

众所周知，CFC为破坏臭氧层物质。20世纪90年代初，我国冰箱出口基本保持在40万台左右，1993年因受《蒙特利尔议定书》影响，各国开始限制CFC产品进口，我国冰箱出口下降到20万台。我国经济也受到了损失，一些旧的生产系统停止运行，许多企业付出了巨大代价。由于我国冰箱行业有识之士早在1990年就开始研究无氟冰箱，再加上蒙特利尔多边基金的支持，1994年我国冰箱出口达到40万台，1997年出口达到130万台，2000年出口达到180多万台，成为世界第一冰箱生产大国。截至目前，一直保持着高速稳定的增长。我国用了几年时间进行产业结构调整，推动了绿色冰箱的发展，加大了出口力度，海尔冰箱也成了国际名牌。海尔以冰箱发展为起点，现已涉足电视机、洗衣机等许多行业。我国的这种行动不仅推进了经济的发展，而且对保护臭氧层作出了应有的贡献，在1999年12月召开的国际保护臭氧层大会上得到了充分的肯定。

冰箱产业的发展进程说明，对有条件的产业必须予以培育，促使其结构升级，促成其转化。环境因素不能看成是制约因素，而应在一定程度上看成是促进产业结构调整的积极因素。从世界范围来看，正是环境标准的不断提高推进了科技进步，加速了产业结构调整。

（1）环境因素是阻碍还是促进经济发展的因素？环境保护与可持续发展有怎样的关系？（2）可持续发展思想在产业结构调整中的地位是怎样的？

第二课　我国生态省的建设

21世纪是人与自然逐渐走向协调与和谐的世纪，“环境与发展”成为各国关注的时代主题。环境科学、信息科学、生命科学与生物技术已进入当今世界的主导学科群，健康生活与可持续发展是时代的主旋律。生态文化正在成为时代的潮流。

截至2014年年底，中国已有海南、吉林、黑龙江、福建、江苏、浙江、山东、广西、安徽、河北、四川、辽宁、天津、山西、河南、湖北16个省（自治区）开展生态省建设，超过1 000个县（市、区）开展了生态县建设工作。2000年，国务院颁发的《全国生态环境保护纲要》明确提出，大力推进生态省、生态市、生态县和环境优美乡镇建设，即以区域可持续发展为目标，把区域经济发展、社会进步、环境保护三者有机结合起来，总体规划，合理布局，统一推进。被列为“生态省、生态市、生态县”的地区不仅要加强环境保护与生态建设，提高人们的生态环境意识，保护和改善生态环境，而且要大力培育生态产业，发展生态经济，增强经济实力，提高人民的生活质量。

预习探究

内容：

（1）我国生态省建设的背景。

（2）我国生态省建设的必要性、条件、任务、意义。

目标

- 认识我国生态省建设的重要意义；
- 在反思个人行为的基础上，从实际出发，把绿色家园建设落实到行动上。

方法：

阅读资料，分析黑龙江省和海南省建立生态示范省的有利条件。

黑龙江：黑龙江省与俄罗斯有3 000 km的边界线，与吉林东北部、内蒙古东部相邻。国土面积45.46万km^2，占全国总面积的4.73%，居全国第5位。

黑龙江省地貌特征为两大山地、两大平原以及其间的过渡带——漫川漫岗区。大小兴安岭及长白山为我国重要林业基地；松嫩平原是黑龙江省畜牧业和农业生产基地；三江平原是我国重要的商品粮基地和面积最大、分布最为集中的平原湿地；两大平原和漫川漫岗区是世界著名的三大黑土带之一。

黑龙江省有黑龙江、松花江、乌苏里江、绥芬河四大水系。水资源总量居全国第13位；天然湿地面积占全国天然湿地总面积的10%以上；有高等植物2 400种，脊椎动物600余种，各种矿产131种，其中石油、煤炭、黄金、石墨探明储量位居全国前列。

黑龙江省大庆龙凤湿地

黑龙江省土地条件居全国之首，土壤有机质含量高于全国其他地区，黑土、黑钙土和草甸土等占耕地的60%以上，是世界著名的三大黑土带之一。全省总耕地面积和可开发的土地后备资源均占全国1/10以上，人均耕地和农民人均经营耕地是全国平均水平的3倍左右。

2012年，黑龙江省国内生产总值达到13 691.57亿元，人均国内生产总值达到35 711元。

根据2008年土地利用变更调查结果，全省农用地面积3 950.45万hm^2，占全省土地总面积的83.53%；建设用地149.85万hm^2，占全省土地总面积的3.17%；未利用地629.2万hm^2，占全省土地总面积的13.30%。农用地中：耕地1 187.07万hm^2，占农用地面积的30.05%；园地6万hm^2，占农用地面积的0.15%；林地2 440.43万hm^2，占农用地面积的61.77%；牧草地222.64万hm^2，占农用地面积的5.63%；其他农用地94.44万hm^2，占农用地面积的2.39%。全省人均耕地面积0.31hm^2（合4.6亩／人）。

海南：海南省位于中国最南端，北以琼州海峡与广东省划界，西临北部湾与越南民主共和国相对，东濒南海与台湾省相望，东南和南边在南海中与菲律宾、文莱和马来西亚为邻。国土面积3.53万km²，人口约为886万。

海南莺歌海盐场

海南岛地处热带北缘，属热带季风气候，素有“天然大温室”的美称。海南岛日照充足，雨量充沛，全年无霜冻，冬季温暖，是我国育种的理想基地。

海南的槟榔林

海南省有着丰富的水资源，南渡江、昌化江、万泉河为海南的三大河，集水面积均超过3 000 km²，流域面积达1万多km²。全省水库面积5.6万hm²，其中较大型的水库有松涛水库、大广坝水库、牛路岭水库、万宁水库、长茅水库、石碌水库等。

海南省生物资源十分丰富，素有“绿色宝库”之称，是我国最大的热带自然博物馆、最丰富的物种基因库。海南岛生长着丰富多彩的热带林木、热带花卉、热带水果和天然药材。

海南省矿产资源种类较多，主要包括能源、黑色金属、有色金属、贵金属、稀有金属、稀有稀土分散元素、冶金辅助原料、化工原料、建筑材料、其他非金属矿、地下水、热矿水和饮用天然矿泉水等种类。海南岛是理想的天然盐场，已建有莺歌海、东方、榆亚等大型盐场，其中莺歌海盐场是全国大盐场之一。

2013年海南经济保持了较快的增长势头，全省实现国内生产总值3 146.46亿元，人均国内生产总值35 317元。

参与与展示

活动：黑龙江生态省建设听证会

要求：

（1）根据角色要求进行分组，每个角色可有2～3位同学扮演。

（2）听证会主持人主持听证会召开，并注意每个人发言之间的衔接。发言可参考以下内容，也可通过查阅其他资料或自己已有知识组织发言。

（3）发言结束后，班上其他同学对发言作出评议，并发表最后意见。

建议角色：

主持人、记者、农民、领导、专家学者、企业代表等。

主持人：20世纪末，黑龙江省委从协调经济、环境、资源的高度提出了建设生态省的设想。原国家环境保护总局批准黑龙江省为全国生态省建设试点。这是黑龙江省进入21世纪具有全局性意义的一件大事，是功在当代、惠及子孙的伟大事业和系统工程。为了进一步统一对生态省建设重要意义的认识和系统推进这一工程，今天举行“黑龙江生态省建设听证会”，希望各位代表畅所欲言。现在我宣布会议开始。

农民：农民是靠天吃饭的，难道生态省建设还能改变这个事实吗？

县干部：你还真别说，我们县正在推广喷灌，喷灌与传统的大水漫灌相比，不但庄稼受益，每亩还可节水120 m^3，节水率达67%，年节约地下水1亿多立方米，留住了土壤肥力，减少了水土流失。喷灌还极大地促进了全县节水农业和种植业调整及优化发展。

村干部：村里原来没有喷灌，主要是种小麦，粮食与经济作物的比例是7∶3，亩效益只有300元；现在全村搞喷灌，比例倒了个，变成了3∶7，亩效益平均增至450元左右。现在全村172户共有喷灌设备170台套，人均收入也从原来的3 500元增加到了现在的5 500元。

专家：建设生态省能够减少环境污染和生态破坏，实现物质、能量的多层次分级循环利用和无废物生产，更好地促进生产力的发展；围绕生态省建设开展生态文明建设，能够促进全省生产方式、生活方式、消费观念的转变，形成新的价值观、财富观、道德观、法制观；建设生态省能够推动绿色经济的发展，切实提高人民的收入水平，从根本上改善人民群众的生活质量，而且能够造福子孙后代，最终实现“富民强省”的战略目标。

……

主持人：（结束语） 今天我们在这里就黑龙江生态省建设在实施过程中的问题广泛听取了各方意见，这为我们下一步扎实稳健地推进这一工程意义十分重大，今后我们将朝着把黑龙江省建成以绿色产业为主体的生态经济强省，进而达到自然和谐、地绿天蓝、物质丰富、生态文明、逐步实现可持续发展的目标共同努力。

习得与领会

一、我国生态省建设的背景

1. 国际环境

随着世界科学技术的高速发展和工业革命的全球渗透与普及，经济的涨落和技术创新的波动形成规律性的关系。生态省建设为应对WTO的挑战创造优势条件，其实质就是适应世界“科学技术—进步创新—经济增长”的规律。

无论哪个国家和民族，无论发达地区还是贫穷地区，对保护生态环境，都达成了共识。这种在共同生存基础上构建起来的生态文化，是人类走向生态文明的基础和前提。生态省建设是一个伴随着生态文化建设和发展，逐渐走向生态文明的历史过程。

2. 国内环境

自1993年《中国21世纪议程》白皮书提出走可持续发展道路的整体战略以来，我国环境保护的进程正在由城市发展到乡村，生态保护的深度和广度进一步扩展。未来10年，无污染、健康、安全的生活方式，即绿色生活方式将成为一种时尚。

二、创建生态省的意义

生态省就是在全省范围内，遵循生态学和生态经济学的原理，实施可持续发展战略，以协调经济、社会、环境为主要对象，依靠科技进步，有效保护、合理利用自然资源，优化经济结构和产业结构，实现以绿色经济为主体，基本适应可持续发展要求的良性循环的生态环境体系、社会经济发展体系和生态文化体系，为城乡居民创造健康、安全、殷实的生态环境，逐步步入人口、资源、环境与社会协调发展的轨道。

建设生态省，对发挥各省资源优势，改善生态环境质量，促进生态良性循环，维护区域生态安全，实现经济社会可持续发展具有重要意义。

建设生态省，是实现与国际市场对接的重要途径。我国加入WTO后，获得了与其他成员国共同享有的权利、义务和平等的国际贸易机会。但参与国际竞争，我们必须面对发达国家的“绿色壁垒”。要实现与国际市场的对接，应对“绿色壁垒”的挑战，赢得“绿色护照”，必须发挥各省优势，突出地域特色，“打绿色牌、走特色路”，发展绿色经济。

建设生态省，能够减少环境污染和生态破坏，实现物质、能量的多层次分级循环利用和无废物生产，更好地促进生产力的发展。

建设生态省，能促进最终实现“富民强省”的战略目标，是广大人民根本利益的具体体现。

福建省的生态建设及发展

2001年，福建省率先提出建设生态省的战略构想，10多年来，取得了明显成效：节能降耗水平居全国前列，森林覆盖率保持全国首位，创造了南方红壤区水土流失治理、集体林权制度改革、生态补偿等一批先进典型，为建设生态文明先行示范区奠定了基础。

党的“十八大”以来国务院确定福建省为全国第一个生态文明先行示范区，并印发《关于支持福建省深入实施生态省战略 加快生态文明先行示范区建设的若干意见》（以下简称《意见》）。《意见》赋予福建省生态文明先行示范区建设四大战略定位：一是国土空间科学开发先导区，优化生产、生活、生态空间结构，率先形成与主体功能定位相适应，科学合理的城镇化格局、农业发展格局、生态安全格局；二是绿色循环低碳发展先行区，加快“绿色转型”，把发展建立在资源能支撑、环境可容纳的基础上，率先实现生产、消费、流通

福建生态文明建设

各环节绿色化、循环化、低碳化；三是城乡人居环境建设示范区，加强自然生态系统保护和修复，深入实施造林绿化和城乡环境综合治理，增强生态产品生产能力，打造山清水秀、碧海蓝天的美丽家园；四是生态文明制度创新实验区，建立体现生态文明要求的评价考核体系，大力推进自然资源资产产权、集体林权、生态补偿等制度创新，为全国生态文明制度建设提供有益借鉴。到2020年，能源资源利用效率、污染防治能力、生态环境质量显著提升，系统、完整的生态文明制度体系基本建成，绿色生活方式和消费模式得到大力推行，形成人与自然和谐发展的现代化建设新格局。

——《经济日报》2014年3月23日

思考与行动

桉树种植之争

资料一

在海南生态省建设中，引进外资项目，建立了金海浆纸厂，同时种植350万亩桉树以供应纸浆原料。然而，这却引起了一场“桉树种植”之争：

观点1：桉树的蒸腾量很大，会造成地下水位的明显下降，就像抽水机一样，造成土地干旱、水源枯竭。桉树林在没有人为影响的条件下，相当长一段时间内，会对土地增肥。不过，如果有人对其照顾，甚至施肥促生，它还是会导致地力、肥力的下降。种植桉树之后再引进其他植物，其他植物根本无法存活，造成生物多样性下降。

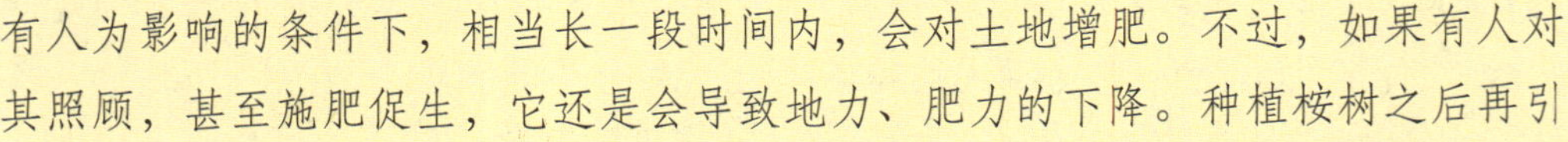

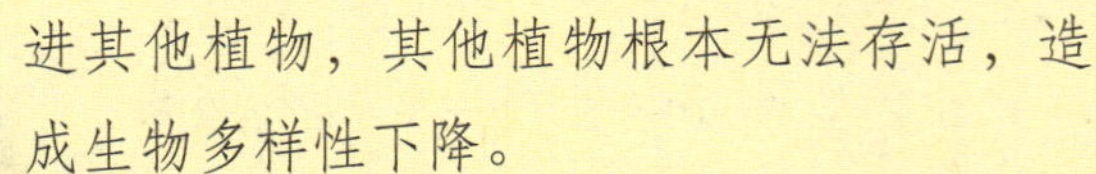

桉树林

观点2：桉树有生长极快、轮伐期极短、栽培技术成熟、病虫害少、经济效益好等显著优势，但桉树也有它的不足，就是耐寒性有限、生长太快、不是理想的生态树种。所有人工林树种实行集约经营都会造成一定的地力衰退，只因人工林生长

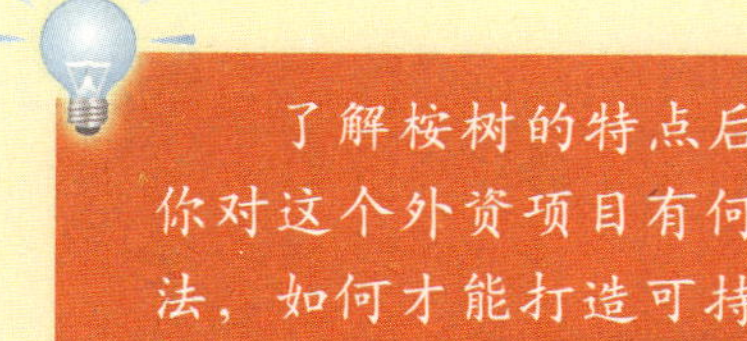

快、密度大、吸收的矿物质营养多，一些地方村民将枯枝落叶全部取走，造成土壤肥力下降。只要不搞掠夺式经营，及时补充养分、采用配方施肥，进行科学管理，桉树就能发挥其巨大的效益。

让贵州的百姓共享生态红利

坐拥青山绿水，贵州省想方设法让老百姓共享“生态红利”“绿色福利”。在贵州省贵阳市乌当区新堡乡马头村松树林村民组，村民们长期以来守着青山绿水，过着“紧巴巴”的日子。2013年，乌当区依托松树林组得天独厚的生态优势，挖掘布依族村寨的特色，将之打造为乡村旅游精品点。现在，松树林村民组50多户人家，有一半开办了“农家乐”和乡村旅馆，其中，经营得最好的年收入能超过60万元。一些外出打工的村民也纷纷返乡，在家门口创业。

在铜仁市沿河土家族自治县泉坝乡泉堡村，全村194户人家像撒豆一般散落在深山里，交通、吃水、用电都是大问题。于是政府组织生态移民搬迁，一方面，确保移民搬得出、留得住、能就业、有保障，另一方面，也让这些生态脆弱的地区得以休养生息。

20世纪80年代初，百花湖畔的朱昌小镇零星散布着170余个大小煤窑和140余户酿酒小作坊，邻湖村的老百姓以打鱼为业，日子过得也算“红火”。1996年为了保护贵阳市民的水资源，市政府将网箱撤了，煤厂关了，酒厂减了。朱昌镇经济社会发展一度陷入瓶颈，经济转型迫在眉睫。为着力调整农业产业结构，朱昌镇通过打造生态农业促农增收，如建白茶基地、蔬菜示范园区等。2013年7月，生态文明贵阳国际论坛永久会址落户朱昌。

在生态省建设中，应该如何促进生态效益、经济效益和社会效益的统一？

模块二　环境与文化

第三课　世界共同的遗产

在我们的心中，世界遗产属于我们，不仅是说而且还要去做；不仅是现在，而且是今后几年，甚至是几个世纪，这是我们年青一代义不容辞的责任。

——伯恩德·冯·德罗斯特

（联合国教科文组织世界遗产中心主任）

目标

- 了解世界遗产的标志、世界遗产组织、世界遗产分类；了解列入《世界遗产名录》的遗产的判断标准、世界遗产保护的关键过程，了解世界各大洲主要世界遗产及中国的世界遗产概况；
- 鼓励参与当地的遗产保护；尊重和重视世界遗产；增加对其他文化的认识和兴趣；尊重文化多样性；
- 能够为保护当地和世界遗产做出负责任的决定；能够为世界遗产的可持续发展献计献策；为保护世界遗产而努力。

预习探究

（1）请你介绍一件你家祖传的珍贵物品（一幅画、一件首饰、一件瓷器、邮票、古钱币、古家具等），并向大家说明它为什么对你家很重要？你家是如何珍惜和保存它的？

（2）整理某处世界遗产的图片、文字等资料，在班级教室里举办一次展览，可邀请家长、社区成员或其他班级同学前来参观。

（3）调查当地是否有世界遗产，列出我国与邻国的10处世界遗产。

参与与展示

活动：湖南侗寨模拟申报世界遗产

2012年11月17日，国家文物局发布更新后的《中国世界文化遗产预备名单》，湖南通道侗族村寨成功入选。这意味着通道侗族村寨具备了申报世界文化遗产的资格。侗寨内民居和古建筑布局讲究，物质文化与非物质文化保存完好，充分展现了侗族的特色文化。

如今湖南通道侗族村寨正在申报世界遗产，请你根据相关知识为其申报成功出谋划策。

从全班同学中选出5位扮演世界遗产委员会小组成员。其余同学分组对湖南通道侗族村寨进行研究，然后向委员会做出推荐。

各组准备申报材料，填写如下表格：

世界遗产申报推荐表

提名人：	日期：
遗产地名称：	
遗产地说明：	
将这一遗产地列入《世界遗产名录》的理由：	
遗产地的保护：	

世界遗产委员会小组成员对各组提名的表格进行研究，并对下列问题进行分析：

① 该处遗产地具有当地的、区域性的、国家的或国际的价值吗？

② 该处遗产地受到良好保护了吗？

③ 该处遗产地有无受到充分的法律保护？

④ 有无管理和保护该遗产地的计划？

侗寨：被遗忘的人间仙境

申遗侗寨是民居古建筑的杰出范例。侗寨内民居和古建筑布局讲究，类型多样，形式灵活。鼓楼、花桥、吊脚楼全用杉木构筑，不用一钉一铆，工艺精湛，独具风格。牙上鼓楼依山势悬空而建，合理利用山形地貌的原有格局，是人居土地良性使用模式的突出例证。侗族民居大多背山面水向阳，因地形而建，不论是山下河岸型，还是平坝田园型，或是丰山溢口型的村落，都能给人以美的享受。芋头侗寨全寨182户，每栋民居沿着山势向纵深方向层层延伸，错落有致，神韵天成。

申遗侗寨是文化人类学的活态遗产。6个侗族村寨的物质文化与非物质文化丰富、保存完好，是侗族传统建筑、节庆、歌舞、饮食等生活方式，以及习俗、精神、制度等社会状况的缩影。有芋头侗寨古建筑群、坪坦风雨桥、阳烂寨门等国家、省重点文物保护单位及侗族芦笙、侗戏、侗锦等国家、省级非物质文化遗产。6个侗族村寨是对侗族主要族群及其发展演变过程的生动反映，是侗族特色文化的一种多元动态展现，是典型的文化人类学的活态遗产。

申遗的侗寨是侗文化展示的首选区域。6个申遗侗寨均分布在坪坦河流域，以坪坦河为纽带，串联起坐落于沿河流两旁的侗族村寨，集中连片，有机和谐地组合成了一条线型文化遗产走廊。与其他点状侗文化遗产分布区相比，既便于侗文化内容的展示，也便于保护、管理。

湖南通道侗族村寨

侗寨是国内外专家主推的申遗项目，湖南省委、省政府积极推进侗寨的申遗工作，国内相关专家也在为侗寨申遗献计献策，以促进侗寨文化的开发与保护。

（1）推进侗寨申遗，是经济、文化、社会多赢的选择，请问如果你是下面不同的角色，对此有何想法？为什么？

- 侗寨村民

- 当地政府
- 国内文化遗产研究专家

（2）你可以和其他4～6位同学组成一个侗寨文化开发保护团队，设计出你们关于侗寨的保护和开发利用方案，尝试为这一正在申报的世界遗产得到可持续发展做出努力。下列几点供团队参考。

- 团队主要成员及负责任务；
- 团队开发理念简介；
- 保护与开发策略；
- 宣传口号；
- 宣传策略；
- 地方特色旅游产品简介；
- 利益分配。

习得与领会

世界遗产（World Heritage），是一项由联合国支持、联合国教科文组织负责执行的国际公约建制，以保存对全世界人类具有突出普遍价值的自然或文化处所为目的。世界遗产十分强调“突出普遍价值”（Outstanding Universal Value），这是入选《世界遗产名录》最重要的标准。

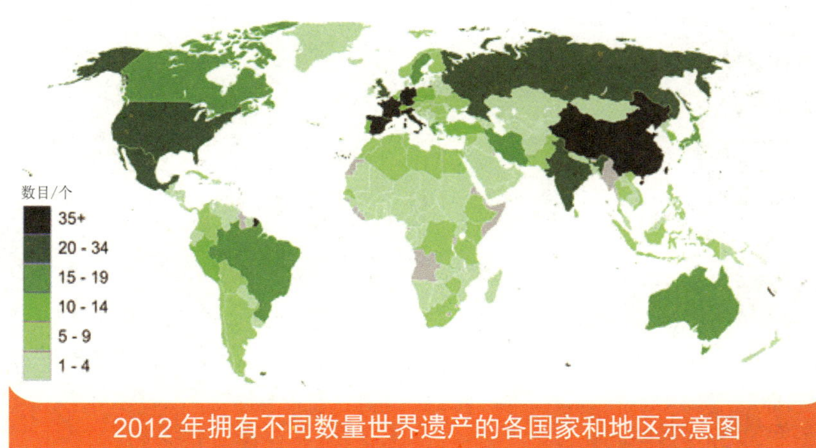

2012 年拥有不同数量世界遗产的各国家和地区示意图

1972年11月16日，联合国教科文组织通过了《保护世界文化和自然遗产公约》（*Convention Concerning the Protection of the World Cultural and Natural Heritage*）。这

份具有划时代意义的公约，不仅仅界定了世界遗产的分类，同时创造了一个全人类共同保护珍贵自然和文化遗产的体制。在公约精神的指引下，成立了世界遗产委员会，负责世界范围内遗产的评定和保护工作。

世界遗产的评选是由联合国教科文组织世界遗产委员会来投票开会决定的，这个委员会于1976年召开第一届会议，并从那时开始，每年在全球不同的缔约国举行一次正式会议；必要时也会紧急召集临时会议。选出世界遗产的目的在于呼吁人类珍惜、保护、拯救和重视这些地球上独特的遗产。

一、世界遗产标志

世界遗产的标志如右图，它象征着文化遗产与自然遗产之间相互依存的关系。中间的正方形代表人类创造，圆圈代表大自然，两者密切相连。这个标志呈圆形，既象征着全世界，也象征着对环境要进行保护。

世界遗产标志

世界遗产青年保卫者（左图）是这个可爱的卡通形象，它的名字叫“帕特里莫尼托”，西班牙语的意思是“小遗产”。它代表了世界遗产青年保卫者，同时，也蕴含着全人类保护世界遗产的责任。

二、世界遗产的内涵

- 保护杰出的、具有普遍价值的遗产；
- 既指文化遗产，也指自然遗产；
- 不动遗产；
- 保护不可替代的遗产；
- 保护世界遗产依靠国际间的通力合作。

三、世界遗产的标准

世界遗产分为自然遗产、文化遗产、自然遗产与文化遗产混合体和文化景观。

1. 自然遗产

从美学或科学角度看，具有突出的、普遍价值的，由地质和生物结构或这类结构群组成的自然面貌；从科学或保护角度看，具有突出的、普遍价值的地质和自然地理结构，以及明确划定的濒危动植物物种生态区；从科学、保护或自然美学角度看，具有突出的、普遍价值的天然名胜或明确划定的自然地带。

2. 文化遗产

文物：从历史、艺术或科学角度看，具有突出的、普遍价值的建筑物、雕刻和绘画，具有考古意义的成分或结构、铭文、洞穴、住区及各类文物的综合体。

建筑群：从历史、艺术或科学角度看，因其建筑的形式、同一性及其在景观中的地位，具有突出的、普遍价值的单独或相互联系的建筑群。

遗址：从历史、美学、人种学或人类学角度看，具有突出的、普遍价值的人造工程或人与自然的共同杰作以及考古遗址地带 。

3. 文化景观

人类有意设计和建筑的景观：包括出于美学原因建造的园林和公园景观，它们经常（但并不总是）与宗教或其他纪念性建筑物或建筑群有联系。

有机进化的景观：它产生于最初始的一种社会、经济、行政以及宗教需要，并通过与周围自然环境的相联系或相适应而发展到目前的形式。

关联性文化景观：这类景观列入《世界遗产名录》，以与自然因素、强烈的宗教、艺术或文化相联系为特征，而不是以文化物证为特征。

4. 线性遗产

线性遗产是指在拥有特殊文化资源集合的线性或带状区域内的物质和非物质的文化遗产族群，运河、道路以及铁路线等都是重要表现形式。

5. 人类口述和非物质遗产

人类口述和非物质遗产（简称非物质文化遗产）又称无形遗产，是相对于有形遗产即可传承的物质遗产而言的概念。是指各民族人民世代相承的、与群众生活密切相关的各种传统文化表现形式（如民俗活动、表演艺术、传统知识和技能，以及与之相关的器具、实物、手工制品等）和文化空间。

思考与行动

中国大运河成功申遗

2014年6月22日，在卡塔尔首都多哈召开了第38届世界遗产大会，宣布中国大运河项目成功入选《世界文化遗产名录》，成为中国第46个遗产项目。

在世界上所有的人工运河中，中国大运河开凿较早、规模最大、线路最长、延续使用时间最久，而且目前仍在使用，是人类历史上超大规模水利水运工程的杰作，被《国际运河古迹名录》列为世界上“具有重大科技价值的运河”。

大运河分段示意图

中国大运河所在区域的自然地理状况异常复杂，为解决高差问题和水源问题，开凿和工程建设中产生了众多因地制宜、因势利导的代表性和开创性工程实践，创造性地将零散分布的、不同历史时期的区间运河连接为一个技术整体。

大运河印证着中国自古以来的大一统思想。它在发挥水利航运等功能的同时，还通过对沿线风俗传统和生活方式潜移默化的塑造，与运河沿线广大地区的人民产生了深刻的情感关联，成为沿线人民共同认可的“母亲河”。

——《中国社会科学报》2014年4月4日 第580期

大运河申遗有什么重要意义？

模块三　环境与科技

第四课　步入网络文明

科学技术是综合国力的重要体现，是可持续发展的主要基础之一。没有较高水平的科学技术，可持续发展的目标就不可能实现。在中国，人们已经普遍接受了“科学技术是第一生产力”这一科学论断。

——《中国21世纪议程》

现代文明社会，已被人们习惯地称为信息时代。人们足不出户，通过网络就能知晓奇妙世界的变化。网络，毫无疑问是人类文明进步的成果，是科技发展到一定阶段的产物。数字化的信息改变着传统的生产观念和生产方式，使生产朝着节能降耗的方向发展；网络拓展了企业的市场，加速了企业走向国际化的步伐。高质量、高效率、智能化的办公系统，提高了办公的效率，减轻了工作人员的工作负担，节约了宝贵的办公经费，实现了办公自动化、无纸化，以及资源利用信息化、合理化；网络信息技术还会推动科学技术的进步与创新。

然而，在高度发达的网络技术给环境、资源等带来巨大变化的同时，我们还应注意到网络对人类的影响，作为青少年应充分利用网络在学习知识、获取信息、交流思想、开发潜能、休闲娱乐等方面的重要功能，摆脱网络的消极影响，实现健康持续的成长。

预习探究

学习之余与同学交流一下网络给自己带来的主要收获是什么？家长对自己上网持什么样的态度？网络给自己带来了哪些不利的影响？

目标

- 客观认识网络对资源、环境产生的影响，学会正确利用网络；
- 根据自己的亲身感受，理解网络给生活带来的影响。

参与与展示

活动一：网络带来的变化

小晨是某学校一名高二的学生，他的母亲张女士是某学校的教师，父亲刘先生是某公司的一位销售经理。以下记录了小晨一家一天的生活片段。思考：网络对小晨一家以及你的生活有哪些方面的影响？

组镜一：张女士

09：00—09：20	打开电脑，查询电子邮箱是否有邮件，回复邮件
09：30—09：45	浏览新闻
09：45—11：00	上课
11：00—12：00	上网查阅资料，备课，制作 Powerpoint 演示文稿
12：00—14：00	午餐，休息
14：00—16：00	上网查阅资料，备课
17：00—17：30	批改作业

组镜二：刘先生

09：00—09：30	打开电脑，查询电子邮箱是否有邮件，回复邮件
09：30—09：40	浏览各种网站，留意同类产品的相关信息
09：40—10：30	在网上发布招聘信息、查询可能的客户源
10：30—11：30	联系客户
11：30—14：00	午餐，休息
14：00—16：00	约见客户

组镜三：小晨

07：00—18：00	学校上课（其中一节是在计算机网络教室上的地理课）
19：00—19：30	打开电脑，查看电子邮件，浏览网站，看新闻，时事政治，国内外大事，歌星、影星、体育明星的轶闻趣事
19：30—20：00	网上查找资料，完成教师布置的课外作业
20：00—22：30	复习功课

活动二：课堂辩论：是否应该发展网络游戏业？

目的：明确发展网络游戏业的利与弊，形成对网络游戏的正确认识。

要求：正方与反方可以参考以下材料作为论据，也可以通过查找其他资料或结合自身经验进行辩论。

正方：应大力发展网络游戏业

网络游戏业及其相关产业为国家提供了丰富的就业机会，带来了可观的经济效益，应大力发展。

论据一

网络游戏往往被中国用户冠以“网络海洛因”的名称，受到舆论的谴责，可是从世界范围看，欧美的网络产业收入超过了电影业。韩国的网络产业收入超过了汽车业，成为全国第一大产业。借鉴发达国家的成熟经验，我们应该从经济角度客观评价网络游戏的发展及其对经济的作用。

论据二

网络游戏是一种供人休闲的工具，适度游戏不仅无害，还十分有利。它可以开发青少年大脑，提升智力。如有一些益智类的游戏，通过手脑的配合和紧张高速的操作过程，能够不断地提高大脑反应的灵活程度，这样可以起到开发大脑、提升智力的作用。另外也可以和学生学习结合起来，培养学生学习的积极性。

……

反方：不应大力发展网络游戏业

网络游戏是“电子海洛因”，其产业越发展，青少年就会受害越深，不应发展。

论据一

据中国互联网信息中心公布的数据，到2011年年底，我国上网人数已突破5亿，而25岁以下的青少年就占85%以上，并且这个数字还在以惊人的速度增长。

与此同时，由于社会认知的不足和自我防护意识的缺乏，青少年还无法摆脱网络游戏的消极影响，因上网而引发的一系列问题会逐渐增多。

论据二

计算机网络为现实世界的人们带来了另一个创造自我、展现自我和实现自我的虚拟世界，但这个虚拟世界同时也会无限放大和强化人的随意性，这对未成年人的健康成长是极为不利的。在未成年人的成长过程中，心理和行为的不稳定性是一大特点，而对未成年人健康心理和良好行为的养成教育，恰恰需要一个优化有序的社会环境和长期规范的生活实践，如果一个未成年人被可变性极大的虚拟环境所诱惑，长时间接受虚拟的“完全自由”的影响和刺激，就很可能迅速放大和强化其心理上的随意性，并进而引发其行为上的放纵。

论据三

由于这种心理上的盲目随意和行为上的极端放纵，必然与各种公认的社会规范、社会价值和社会行为格格不入，所以就难免使未成年人在处理个人利益与社会利益的关系时出现难以协调的矛盾。这种矛盾如果长期得不到有效疏导和化解，就很可能导致未成年人的心理和行为扭曲。即以个人利益为中心，以自身的感受来认识、对待周围世界的结果，对青少年世界观的形成极为不利。

……

习得与领会

一、信息化与资源节约型社会

我国是一个人口众多、人均资源相对贫乏的国家。随着我国经济的快速发展，资源对经济发展的制约作用日益突出。因此，要缓解资源约束的矛盾，就必须充分考虑资源承载能力，建设资源节约型社会。

资源节约型社会是指在生产、流通、消费等领域，提高资源利用效率，以最少的资源消耗获得最大的经济效益和社会效益，保障经济社会可持续发展。建设资源节约型社会，其目的在于追求更少资源消耗、更低环境污染、更大经济效益和社会效益，实现可持续发展。

统计显示，2011年2月15日，我国一次能源消费量为32.5亿t标准煤，同比增长6%，我国已成为全球第一能源消费大国。资源环境的压力明显，所以，以信息化带动工业化，促进产业结构优化升级，切实转变经济增长方式，形成有利于节约资源的生产模式和消费方式，是建设资源节约型社会的必然选择。

信息网络化将满足人类日益增长的消费需求，导致人类交往方式、消费方式等发生深刻变化，成为经济持续发展的强劲动力。同时，网络也是把“双刃剑”，在加速信息交流、促进知识创新、推动经济发展的同时，也有可能成为“电子海洛因”。

二、互联网是信息传播的平台，提高效率的快车道

互联网以其内容的无限丰富和链接的高度发达，构成了一个功能强大、时时刻刻高速运转的信息传播平台，人们充分享受到了天涯若比邻的便捷服务。在这里，人们可以随意浏览、搜索各类信息，同时，还可以方便地发布各种信息。

互联网的出现，大大提高了人们工作和交流的效率，过去要费时费力才能办成的一些事情，如今只要鼠标一点就完成了。网络办公已成为一种新的工作方式，电子商务、电子政务、远程教育等得以施行，为人们的工作和生活提供了一条高效的快车道。越来越多的人在舒适、清洁的办公室中进行工作。

三、网络成瘾对青少年的危害

过分沉迷于网络容易引发各种生理和心理障碍，即所谓的“网络综合征”，这是新近出现的疾病之一。具体症状为抑郁、失眠、精力难以集中、狂躁等，与吸烟、酗酒甚至吸毒等上瘾行为有惊人的相似性。对待网络成瘾的孩子，父母最重要的是对孩子进行心理疏导。

网络成瘾对青少年的危害主要表现在以下4个方面：

（1）交往方式错位。青少年在网上的行为往往在虚拟情景或虚拟情形下进行，这是一种技术性的“人—机”式交往，不是一种人性化的、真实的人与人交往。这种情况如果长期下去，就会影响或改变青少年的正常交往方式，导致真实的人际交往萎缩，产生畸形的人际交往行为。

（2）人性异化。沉溺于网络中的群体，关注并满足于网络世界的虚幻环境，就会渐渐失去对现实环境的感受能力和积极参与意识，形成缄默、孤僻、冷漠、紧张、

不合群、缺乏责任感和欺诈等心理现象，进而导致数字化的“虚拟人格”。

（3）自我迷失。网络成瘾会导致真实自我、实现自我和“虚拟自我”三者的相互冲突，网上网下判若两人，结果有可能导致出现多重人格的问题。

（4）道德失范。网络活动的最大特点就在于其虚拟性，缺乏约束与监督。虚拟状态既为网上行为提供了无拘无束的屏障，也给不正当、不道德行为披上了漂亮的外衣，从而造成网络世界虚假信息的泛滥及非道德现象的发生，或在网上做出一些平时不允许或没有胆量做的不道德行为。

四、《全国青少年网络文明公约》

为增强青少年自觉抵御网上不良信息的意识，团中央、教育部、文化部、国务院新闻办、全国青联、全国学联、全国少工委、中国青少年网络协会向全社会发布了《全国青少年网络文明公约》。公约内容如下：

1. 要善于网上学习，不浏览不良信息

将网络作为课外学习的一种新工具和了解大千世界的新途径，不接触、不浏览有关色情、愤恨、暴力、邪教或者怂恿进行非法活动等不适当的内容，如果已接触了这些不良信息，要及时告诉父母和老师以取得帮助。

2. 要诚实友好交流，不侮辱欺诈他人

在通过网络进行交流时，仍要礼貌待人，不使用脏话；要态度诚恳，不欺诈他人；要遵守礼节，不随心所欲。总之，要尊重他人，自己才能得到别人的尊重。

3. 要增强自护意识，不随意约会网友

不要透露有关家庭的任何资料，包括姓名、地址、电话等；不要轻易相信别人；在得到父母的同意前，不要约会网上的朋友；不要恶意挑衅；不参与不良的网上游戏等。遇到令自己不适的信息时，不要回复并马上告诉家长和老师。

4. 要维护网络安全，不破坏网络秩序

要敢于担当“网络安全小使者”的责任，在保证自己不参与违背道德、法律活动的前提下，对于周围的小伙伴有不良行为者，要加以劝阻说服或告诉家长和老师。

5. 要有益身心健康，不沉溺虚拟时空

要培养自我约束的能力。制定一些上网规则，把它贴在计算机附近，时时刻刻提醒

自己；每次连续上网时间不超过1小时，要坚持做眼保健操；要制订学习计划，不盲目上网；要坚持户外运动，保持健康体魄。

6. 要树立良好榜样，不违反行为准则

要时刻提醒自己“我是网络安全小使者”；要佩戴“网络安全小使者”胸章；要乐于帮助周围需要帮助的人；要是非善恶分明；要敢于和坏人、坏事作斗争；要树立良好的榜样，不违反思想美德和行为准则。

思考与行动

2013年由河北省网络文化协会主办的“网络十大不文明行为”投票评选活动在90余万人参与投票后，评出“网络十大不文明行为”，包括：

- 造谣、传谣、散布虚假信息；
- 窥探、传播他人隐私；
- 网络欺诈行为；
- 制作、传播网络病毒、“流氓”软件；
- 网络色情聊天；
- 传播垃圾邮件；
- 在论坛和聊天室中侮辱、谩骂；
- 强制广告、强制下载、强制注册；
- 盗用他人网络账号、假冒他人名义；
- 制作虚假网站。

请联系生活实际，反思自己是否存在以上不文明上网的行为。举例说明不文明上网的危害，并谈谈如何文明上网。

模块四　可持续生产与消费

第五课　绿色GDP

什么是GDP呢？它是指国内生产总值，即国家或地区内的居民在一年内所生产或提供的最终产品与服务的价值总和。但是，资源消耗与环境污染的成本并未在一般的GDP核算中得到反映，它本身只能反映一个地区、一个国家经济增长与否，而不能说明一个地区或国家资源消耗的状况和环境质量的变化。甚至有些地区破坏资源和污染环境也能为增加GDP作出“贡献”。

GDP产生于第二次世界大战之后，逐渐被世界各国所采用。当时经济发展对资源的消耗和对环境的影响远没有现在这么巨大，可持续发展的概念还没有出现。20世纪90年代以来，“可持续发展”成了很多人熟知的一个词汇，学术界也提出了“绿色GDP”的概念。因此，在GDP中扣除资源消耗与环境污染成本之后的绿色GDP，更能反映经济增长的真实状态。绿色GDP是在经济发展中，把环境和资源的代价考虑进去，这样，GDP的增长速度可能就没有那么高了。

目标

- 认识环境问题的错综复杂，认识可持续发展是人类的必然选择，但是还需要一个漫长的过程；
- 了解发展经济不能以牺牲环境为代价，经济发展不能超过环境的承受能力；
- 学习从多个角度思考问题，认识自然规律，了解环境与经济的关系，正确理解科学发展观。

预习探究

对学校用纸（可以是课本，也可以是教辅、小说和练习本等）情况进行调查：

（1）同学们一学期大

约要使用多少纸张？

(2) 用过以后是怎样处理的？

(3) 如何看待用纸量的增长？

据统计，2011年造纸业废水排放量和COD（化学需氧量）的排放量分别占到全国工业总量的18%和23%，在所有行业中排名第一。造纸业造成的水资源浪费现象也很严重。目前，我国每生产1t纸，平均耗水量高达100 t，是世界先进水平的3倍以上。“制造出白纸却染黑了河水”，我们为纸业庞大的生产能力付出了高昂的生态代价。那么该如何科学核算造纸的净产值呢？

某造纸厂排出的废水

参与与展示

活动一：如果你是市长该怎么办？

阅读以下材料，请你想一想煤炭的开采除了促进大同市GDP的增长外，还为大同市带来了什么？如果你是这个城市的市长，你准备怎么做？

请分成不同的顾问团，给领导出谋划策，要求拿出有说服力的数据、材料。也可以分角色扮演，如市长、环保志愿者、经济顾问、市民代表……“市长”可以主持会议，不同的角色来发言，还可以采用辩论的形式。

沉睡在煤中

大同云冈石窟所在的云冈沟是当地主要的煤矿所在地，运送煤炭的卡车就从石窟旁边的道路驶过。“欣赏云冈石窟的佛像时，很容易就能将之与其他地方的佛像区别开，因为这里的佛像身上和脸上总是覆盖着一层煤灰。”据统计，2012年，被称为“睡在煤田上”的大同市，其煤炭行业上缴税费占财政总收入的比重达43%。大同人用“挖了一堆煤，冒了一股烟，黑了一条河，留了一堆渣”来形容多年来挖煤发电的结果。“这里送出去的是煤和电，留下的却是废渣、废水、废气。”

煤炭采掘形成大面积的采空区，据估计，年产1亿t煤意味着每分钟在地下形成一个3节火车皮的空洞。采空区塌陷，破坏地面建筑和地下设施，地下水源也被破坏，造成井泉枯干。权威部门估算，每挖1t煤会损失2.5t水，如果年产煤近1亿t，就意味着有2.5亿m^3水资源被浪费，而山西省花103亿元巨资完成的引黄工程，每年也不过能引6.4亿m^3水入晋。

据大同市环保部门统计，由于煤焦企业的大量存在，排出大量烟尘和二氧化硫，酸雨现象频繁。水土流失严重，到2002年年底，大同市水土流失面积已经占到国土面积的40%左右。经过长期不懈的努力，截至2011年年底，大同市已治理水土流失面积约为1/2，但治理水土流失的任务依然艰巨。

沾有一层煤灰的云冈石窟佛像

活动二：建言献策

每年的人大、政协“两会”上，环境问题都是被关注的焦点，下面是一位李委员的发言。你是否同意李委员的观点？请持相同观点的同学分别组成小组，每个小组讨论后发言，陈述本组同意与否的理由。也可对进一步实现绿色GDP提出建议。

全国政协一位李姓委员说，按照现在的能耗产出比，要维持国民经济以7%～8%的速度平稳发展，到2020年，全世界的资源都给中国不够用。因此转变生产方式、加快经济结构调整已经不是关系经济发展快慢的问题，而是生死攸关的问题。“如果再过5年还在谈转方式、调结构就糟了，中国经济就撑不下去了。”

“解决这些问题，光靠企业、行业本身不行，必须加快改革，靠政策引导。”李委员说，政府应该通过调整财政投入、税收、生产材料价格等手段来规划国计民生。比如电价问题，电价改革很难，牵一发而动全身，但是“电价不改、不提，谁来节电？”另外，他还建议征收资源税，对占用土地、矿产、空间等资源的企业征税，推动企业加快转型升级、节能减排的步伐。“不掏钱就能开矿，所以才导致小煤矿泛滥，安全生产事故频出；生产矿泉水把昆仑山的雪山都占了，不征税怎么能行？”

习得与领会

一、绿色GDP的含义

“绿色GDP”由著名经济学家约翰·希克斯最先提出，它是用以衡量各国扣除自然资产损失后新创造的真实国民财富的总量核算指标。绿色GDP是指一个国家或地区在考虑了自然资源（主要包括土地、森林、矿产、水和海洋）与环境因素（包括生态环境、自然环境、人文环境等）影响之后经济活动的最终成果，即将经济活动中所付出的资源耗减成本和环境降级成本从GDP中予以扣除。改革现行的国民经济核算体系，对环境资源进行核算，从现行GDP中扣除环境资源成本和对环境资源的保护服务费用，其计算结果被称为“绿色GDP”。绿色GDP这个指标，实质上代表了国民经济增长的净正效应。绿色GDP占传统GDP的比重越高，表明国民经济增长的正面效应越强，负面效应越弱，反之亦然。

二、绿色GDP在中国

从20世纪70年代开始，联合国和世界银行等国际组织，就在绿色GDP的研究和推广方面做了大量工作。2004年，我国也积极开展了有关绿色GDP的研究。2006年，我国第一份绿色GDP核算研究报告——《中国绿色国民经济核算研究报告2004》公布，这是我国第一份，也是迄今为止唯一一份绿色GDP核算报告。然而，由于种种原因，加之2008年国际金融危机的爆发，4万亿元政策随之推出，绿色GDP研究暂时搁置了。

2013年5月，习近平总书记在中央政治局关于生态文明建设的专题学习会上指出，要完善经济社会发展考核评价体系，把资源消耗、环境损害、生态效益等体现生态文明建设状况的指标纳入经济社会发展评价体系，同时，还要建立责任追究制度，对那些不顾生态环境盲目决策、造成严重后果的人，必须追究其责任，而且应该终身追责。2013年12月，中组部印发《关于改进地方党政领导班子和领导干部政绩考核工作的通知》，规定不能仅仅把GDP作为考核政绩的主要指标；不能搞地区GDP排名；中央有关部门不能单纯以GDP衡量各省发展成效；地方各级党委、政府不能简单以GDP评定下一级领导干部的政绩和考核等次。

2013年，我国的GDP达到568 845亿元，经济总量位居世界第2位。追求GDP的高速增长，虽然使我国人民的物质生活得到了极大改善和丰富，增强了我国的国际竞争力和吸引力，极大地提升了我国的国际政治地位。但是，片面追求GDP增长，已经使我国的资源、环境形势非常严峻。为了从根本上缓解经济发展和保护环境之间的矛盾，为了促进企业、行业，乃至全社会生产力的更新和发展，我们必须尽快推行绿色GDP制度，摒弃不将环境投入计入成本的现行GDP的核算和统计制度。

各国的历史经验表明，单纯以经济增长为目标的发展模式不可能持续。建立绿色核算体系和绿色GDP核算与数据发布制度已势在必行。绿色核算体系的建立将对我国国民财富的积累产生重大影响，对实现经济增长、社会进步和环境保护的“三赢”目标具有广泛而深远的意义。

案例

鄱阳湖湿地经济价值核算

由世界自然基金会（WWF）资助，2003年有学者对我国第一大淡水湖——鄱阳湖湿地——进行了经济价值核算，鄱阳湖湿地每年产生的经济价值高达1 564亿元，占2003年江西省生产总值（GDP）的60%。据悉，这是历史上第一次对鄱阳湖湿地经济价值做出评价。

据介绍，研究小组首先对鄱阳湖直接提供的水资源、生物资源、洲滩土地、航运、矿产资源5类产品进行价值汇总，另外又对湿地具有的涵养水源、调蓄洪水、降解污染等生态功能进行了价值测算。

生态价值：如鱼虾，很直观；而涵养水源、调蓄洪水，人们也感受得到；但湿地还有一些存在价值，人们难以认识，但是它很重要。比如湿地中的物种资源，有些虽然现在还看不出什么，但是将来有可能具有巨大价值。袁隆平院士就是利用海南岛湿地中的野生稻，培育出了高产的杂交稻。如果把这类价值再加进去，鄱阳湖每年的价值肯定要超过1 564亿元。

鄱阳湖湿地

风景价值：鄱阳湖是一个美丽、宁静的地方。

休闲价值：鄱阳湖是开展水上运动的好地方。徒步旅行者能从周围的环境中得到快乐。

健康价值：清澈的湖水可以作为清洁的饮用水。

经济价值：可从周围地区获得一些自然资源，如木材、矿物……同时旅游观光带来的经济效益也很可观。

思考与行动

钢铁产业是河北省第一大支柱产业，近些年来，河北省还承接了京津转移出来的重工业，如首钢等。河北省钢铁产量已连续12年位居全国之首，目前年钢铁产能为2亿t。钢铁产业的发展虽然带动了地区经济发展，但带来的污染隐患也正在逐渐暴露。

2013年，河北省政府部署在唐山、邯郸、承德3个设区市，集中拆除8家钢铁企业高炉10座、转炉16座，共减少炼铁产能456万t、炼钢产能680万t。国务院此前提出5年内压缩8 000万t钢铁产能，其中6 000万t任务落在河北。此次设备的拆除，每年可减少煤炭消耗276万t、二氧化硫排放9 800 t、烟粉尘排放7 100 t。

看到这幅漫画，你想到了些什么？为什么这个工厂为GDP作出了贡献，还要被起诉？

从绿色GDP角度，如何看待河北省拆除钢铁企业高炉、转炉，降低炼铁炼钢产能的措施？这样做对河北省的社会经济发展会产生什么样的影响？河北省应该如何发展才能可持续？

第六课　世界经济发展的新模式——循环经济

随着科学技术的发展，世界经济正以前所未有的速度驰骋在快速轨道上。经济的高速发展，虽然为人类创造了大量财富，但同时也消耗了大量无法估量的自然资源；自然资源的大量开采又破坏了地球的生态环境；资源在转化为产品的过程中又造成了大量污染。环境的破坏和污染，使地球的自然环境失去平衡，人类生存的空间越来越狭窄。于是，人们开始从自然生态系统中学习良性循环的健康机制，并且将其作为经济发展模式的参照物，从而引发了一场经济运行方式的伟大变革，这就是世界经济发展的新模式——循环经济。

预习探究

阅读以下资料，思考：

（1）什么是循环经济？循环经济与传统经济有什么区别？

（2）在现实生活中你见到这样的案例了吗？可通过查阅资料和现场调查，进行整理后在课堂上交流。

目标

- 初步了解循环经济的定义，理解循环经济的重要性；
- 理解我国发展循环经济的必然性；
- 培养综合分析问题的能力。

近年来，张家港把工作重点放在培育和发展循环经济上，积极引导企业树立“资源有限、创意无限”的理念，让生产工艺流程中一个环节产生的废弃物成为另一个环节的原料，通过资源利用的最大化，实现经济效益的最大化。江苏沙钢集团以电能、燃油等清洁能源代替煤炭，利用高炉煤气余热进行发电，将高炉水渣、钢渣销售到相关企业作为生产材料，仅此4项每年就增加效益近7 000万元。该公司还对工业废水进行回用，循环回收达到94%，每年又可节约水费近900万元，同时减排有机污染物约4 500 t，大大削减了污染物的排放总量。张家港恒昌精细化工有限公司在生产过程中每年要产生近5 000 t废石灰渣，以前都实行填埋处理，不仅要支付填埋费用，而且因“二次污染”经常引发厂群纠纷。面对这种情况，企业苦心钻研，成功开发了以废石灰渣为原料的优质饲料添加剂及脱氟磷酸钙，实现了“变废为宝”。

参与与展示

阅读以下材料中展示的几种世界闻名的循环经济模式以及我国的循环经济模式，结合你的生活，谈谈循环经济应该遵循哪些原则？哪些原则是最重要的，哪些是次要的？请在小组内讨论并说明原因。

1. 杜邦化学公司模式

这种模式可称为企业内部的循环经济，其方式是组织厂内各工艺之间的物料循环。他们通过放弃使用某些环境有害型的化学物质、减少一些化学物质的使用量，以及发明回收本公司产品的新工艺，到1994年已经使该公司生产造成的废弃塑料物减少了25%，空气污染物排放量减少了70%。同时，他们在废塑料中，如废弃的牛奶盒和一次性塑料容器中，回收化学物质，开发出了耐用的乙烯材料等新产品。

2. 丹麦卡伦堡工业园区

丹麦卡伦堡工业园区是目前世界上工业生态系统运行最为典型的代表。这个工业园区的主体企业是电厂、炼油厂、制药厂和石膏板生产厂，以这4个产业为核心，通过贸易方式，把对方生产过程中产生的废弃物或副产品作为自己生产中的原料，不仅减少了废物产生量和处理的费用，还产生了很好的经济效益，形成了经济发展和环境保护的良性循环。

丹麦卡伦堡生态工业园

3. 中国鲁北生态工业模式

盐碱荒滩催生的循环经济。通过技术工艺创新，鲁北集团建成了中国第一套磷铵、硫酸、水泥联合生产装置，用生产磷铵排放的废渣磷石膏掺和盐石膏制造硫酸并联产水泥，硫酸再返回用于生产磷铵，余水封闭循环，资源在生产过程中得到高效利用，最终形成一条生态产业链条。在生产车间里，鲁北独特的生产工艺是在直径3～4 m、长百余米的巨型装置中完成的，原料从一端送进，三种产品从另一端产出，不见一点儿废渣排出，只有白色的水蒸气从烟囱中喷出。鲁北集团磷铵厂所有的原料、燃料、产品全在粗细不一、高矮不同的管道中运行。

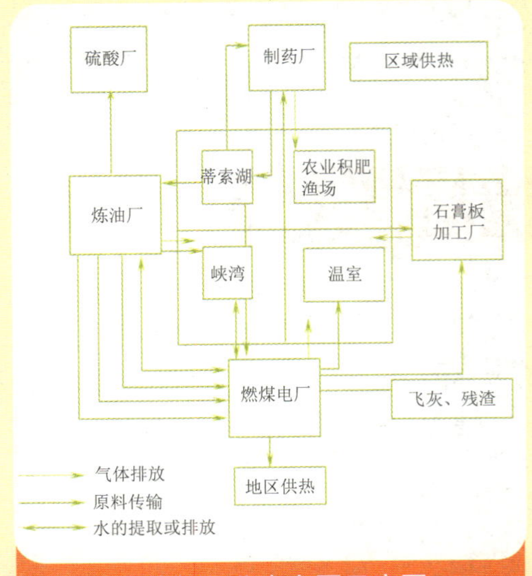

卡伦堡工业生态园示意图

海水的“一水多用”。利用渤海湾的地理优势，鲁北集团开发出沿海35 km的潮间带，建成了占地35万亩[①]、年产100万t的大型现代化盐场。他们利用海水逐级蒸发、逐级净化原理，大胆尝试海水综合利用，将初级制卤区建成5万亩的水产养殖场，利用新鲜的海水进行鱼、虾、蟹、贝类养殖；水产养殖用过的海水被提到中级制卤区，进一步浓缩提溴；提溴后的海水再被送到6万亩的盐田结晶池，生产加碘盐和保

中国鲁北生态工业区

① 1亩=1/15 hm^2。

健食用盐；剩余的废水苦卤再用来提取钾、镁产品，盐田废渣盐石膏又可作为制硫酸联产水泥的原料；真正实现了“海水取宝、滴水不漏”。

三个美丽的“圆”。三个美丽的“圆”是指鲁北集团的三个生态产业链，即清洁发电与盐、碱联产生态产业链，盐化工、石油化工和煤化工“三化合一”产业链以及清洁型钛白粉产业链，三条生态产业链将各个工艺有机结合，形成密不可分的循环通路，从而使循环经济真正“循环”了起来。三条产业链之间存在多种共生关系：热电厂利用海水产业链中的海水替代淡水进行冷却，既利用了余热蒸发海水，又节约了淡水；磷铵、硫酸、水泥产业链中的液体二氧化硫用于海水产业链中的溴素厂提溴，硫元素转化成盐石膏返回用来生产水泥和硫酸；热电厂的煤渣用作水泥的原料，热电生产的电和蒸汽用于各个产业链的生产过程。

习得与领会

一、什么是循环经济

循环经济是指以资源节约和循环利用为特征的经济形态，也可称为资源循环型经济。

循环经济是相对于传统经济而言的。传统经济是以“资源—产品、废弃物—污染物”单向流动为基础特征的线性经济发展模式，表现为“两高一低”，即高消耗、高污染、低利用，是不可持续的发展模式。

循环经济是以“资源—产品—再生资源—产品”为特征的经济发展模式，表现为“两低两高”，即低消耗、低污染、高利用率和高循环率，使物质资源得到充分、合理的利用，把经济活动对自然环境的影响降低到尽可能小的程度，是符合可持续发展原则的经济发展模式。

二、循环经济的运行原则

循环经济的运行原则表述为以“减量化、再利用、再循环”为内容的“3R”原则。

减量化原则（Reduce）：它针对的是输入端，即在生产的投入端尽可能少地输入自然资源。在生产中，制造厂可以通过减少每个产品的原料使用量，通过重新设计制造工艺来节约资源和减少排放。例如，通过制造轻型汽车来替代重型汽车，既可节约金属资源，又可节省能源，仍可满足消费者乘车的安全标准和出行要求。在消费中，人们以选择包装物较少的物品，购买耐用的可循环使用的物品而不是一次性物品，来减少垃圾的产生。

再利用原则（Reuse）：它属于过程性方法，即尽可能延长产品的使用周期，并在多种场合使用，避免物品过早地成为垃圾。在生产中，制造商可以使用标准尺寸进行设计。例如，使用标准尺寸设计可以使计算机、电视和其他电子装置非常容易和便捷地升级换代，而不必更换整个产品。在生活中，人们将可维修的物品返回市场体系，供别人使用或捐赠自己不再需要的物品。

再循环原则（Recycle）：它针对的是输出端，即最大限度地减少废弃物排放，力争做到排放的无害化，实现资源再循环。资源化能够减少垃圾的产生，制成使用能源较少的新产品。与资源化过程相适应，消费者应增强购买再生物品的意识，以促进实现循环经济。

你知道吗

基围虾的来历

珠江三角洲盛产食用糖的原材料——甘蔗。加上热带的地理条件，珠三角地区的水稻长势也十分良好。但是在计划经济体制时期，珠三角和全国其他地方一样，都必须完成上级交办的谷物生产任务。然而大米价格总不及甘蔗加工成糖的销售收入，为了不至于让自己太吃亏，世世代代居住在珠三角地区的农民发明了这样一种农产品种植和经营模式。即在水稻田的四周做宽田埂并种植甘蔗，水稻田里放养浅水鱼和鸭子。鸭子吃稻田和甘蔗丛中的小生物，鱼食鸭子的排泄物。待水稻熟了收割之后，鱼被捕捞出售，鸭子也能生蛋补贴家用。稻秸可作燃料，田中肥淤则取出覆盖在甘蔗根基以增肥力，数周之后，丰收的甘蔗主要被糖厂所收购。这就是一个完整的循环经济模式，当时被称为“基塘模式”，塘即水稻之水塘，基即基围，后来又产生了基围虾。这就是中国珠三角农民40多年前的发明，现在还有很现实的应用价值。

珠三角基塘模式

同时，在生产中还要求尽可能地利用可循环再生的资源替代不可再生资源，如利用太阳能、风能和农家肥等，使生产合理地依托在自然生态循环之上。尽可能地利用高科技，尽可能地以知识投入替代物质投入，以达到经济、社会与生态的和谐统一，使人类在良好的环境中生产、生活，真正全面提高人民生活质量。

三、我国应大力发展循环经济

我国正处在经济高速发展时期，人口众多、自然资源短缺、环境质量恶化、资源与环境管理能力薄弱等问题，仍在相当程度上制约着我国经济社会的可持续发展。我国必须改变“资源—产品—污染排放”的传统模式，逐步从“先污染，后治理”的末端治理模式转型到“资源—产品—再生资源”的环状反馈式循环经济模式，这是我国经济社会发展的当务之急。

我国有推进循环经济的基础。一是中央把生态文明提到了“五位一体”的战略高度，就必须切实转变经济增长方式、实施可持续发展战略和“资源开发与节约并重，把节约放在首位”的方针，这些重大方针政策的贯彻实施，推动了清洁生产、资源节约综合利用的开展。二是国家对资源节约综合利用给予减免税收的优惠政策，有力地促进了资源节约和综合利用，并取得了较大进展。三是大力推行清洁生产，加强工业污染预防。清洁生产实质上是节约、降耗、减污、增效，既有环境效益，又有经济效益，是污染防治的最佳模式。四是加快推进再生资源回收利用，包括废旧家用电器和电子垃圾的回收利用，尽量减少废弃物的产生，同时通过综合利用，使废弃物最大限度地资源化。所有这些都为我国发展循环经济奠定了良好的基础。

从中国长期经济发展前景来看，我们必须把发展循环经济确立为国民经济和社会发展的基本战略目标、作为实现生态文明的重要抓手全面规划和实施，这样才可能有效克服在现代化进程中出现的资源与环境危机。

思考与行动

日常生活中总会有一些所谓的“垃圾”产生，我们可以将其分类处理，便于回收。当然，也可以将垃圾“变废为宝”，促进废旧物品的循环利用。下面是一个关于将废旧衣物改造为地毯的案例，你能从中得到什么启示？想想，你还有什么更好的“变废为宝”的创意？一起来创作吧。

材料：废旧衣物、剪刀、胶水、胶带、粗线

步骤1：首先将废旧衣物剪出一个长方形（这是地毯的最终大小），其余剪成细长条状，剪出的布条要长于布块。

步骤2：将布条编成麻花，并用胶带将两端固定住，以防散开。

步骤3：将布条麻花用胶水按照顺序粘贴在布料上，颜色分配均匀会更美观。排列好之后，用线将布条两端固定住。

步骤4：用剪刀将两头的布条修剪整齐，自制地毯完成。

第七课　商品外包装的启示

提起过度包装，我们首先想到的是月饼。当拆开精美的外包装盒，发现大盒里面还有小盒，一层层折成方格的纸板间，放着一个个裹着黄绸并用塑料泡沫隔着的小盒。打开小盒子才看到真正的主角——娇小玲珑的月饼，它们的体积加在一起也不过大盒子的1/4。再看看那个精致的大盒子和一堆黄绸、纸格，真有弃之可惜、留之无用的感觉。

预习探究

（1）观察家里购买的各类商品，填写下面的统计表：

目标

- 通过对生活中过度包装现象的调查，知道过度的商品包装会产生大量的垃圾并且造成资源浪费；
- 反思人们的消费行为，培养科学的消费观念。

商品名称	商品重量	商品包装的重量	商品包装的重量/商品重量

（2）分小组，每组4人，共同讨论已经填写好的表格，看看不同家庭一般都有哪些带包装的商品，这些商品包装的质量占商品本身质量的比例是多少。

（3）分析这些商品包装的作用以及它们对环境的影响。

- 塑料类包装轻便，但难以降解……
- 纸类包装污染较少，但消耗木材……
- 金属类包装结实耐用，但是价格较高，资源消耗量较大……
- ……

参与与展示

活动一：演讲比赛

结合前面所作的家庭小调查和下面的案例，以“我的选择”为题开展演讲比赛。

苗苗的生日礼物

上初一的苗苗就要过生日了，每年这个时候爸爸妈妈都会送她一份生日礼物。今年也不例外，早就说好了要送一套文具。可是现在苗苗的爸爸妈妈却有点左右为难了。因为妈妈想买的那套文具包装精美，里三层外三层的，看上去就让人爱不释手，价格也比较高。而爸爸想买的文具，包装简单，但是却很好用并且很实惠。究竟买哪个呢？最后，爸爸妈妈让苗苗自己做选择。

活动二：关于过度包装的讨论

我们究竟应该怎样合理地使用包装材料？同学们可以分小组查阅相关的资料，在课堂中讨论所收集的资料，并且阐述自己的观点。

有专家算过这样一笔细账：目前我国一年约生产12亿件衬衫，其中8亿件是盒装，8亿只包装盒需要用纸24万t，如果以胸径10 cm的大树为标准计算，每1t纸需要7棵树的木材，8亿只包装盒就相当于要砍伐168万棵大树，等于“穿”掉一大片森林。

你知道吗

一棵树的价值

一棵树到底值多少钱？印度加尔各答农业大学的一位教授对一棵树算了两笔不同的账：一棵正常生长50年的树，如果按市场上的木材价值计算，那么最多值300多美元，但是如果按照它的生态效益来计算，其价值就远不止这些了。据粗略测算，一棵生长50年的树，每年可以生产出价值31 250美元的氧气和价值2 500美元的蛋白质，同时可以减轻大气污染（价值62 500美元），涵养水源（价值31 250美元），还可以为鸟类及其他动物提供栖息环境（价值31 250美元）等。将这些价值综合在一起，一棵树的价值就不是300美元，而是20万美元了。

习得与领会

一、什么是过度包装？

商品的包装有两个功能：一是保护商品在制造、运输、仓储、销售中不破损，不变质；二是对商品起到美化、宣传和增值作用。商品的外部包装不是商品的核心，充其量只是“锦上添花”，商品的内在质量才是最重要的。一般来说，商品包装分3种：适度包装、过度包装和包装欠缺。过度包装就是超出适度的包装功能需求，其包装孔隙率、包装层数、包装成本超过必要程度的包装。例如包装的耗材过多、分量过重、体积过大、成本过高、装潢过于华丽等。

2012年《中国青年报》进行的一项社会调查显示，97.5%的受访者认为当前我国商品过度包装现象严重，84.0%的人赞成通过立法限制商品包装的“豪华风”。

二、商品过度包装对环境造成的压力

过度包装的包装废弃物既会增加消费者负担，造成环境污染，也浪费了我国有限

的资源。现在已经有成片森林变成了包装纸，过度包装使濒临枯竭的资源雪上加霜。

北京市某区所产生的垃圾中包装废弃物占一半左右，这主要包括大量食品及生活用品的纸包装、塑料袋等。该区50万户居民每天产生的生活垃圾约有2 500 t，每天搬运这些垃圾需动用500辆车次以上，而以1/5的垃圾为纸质包装废弃物计算，每天就有近500 t的纸被丢弃。更让人心疼的是，处理这些城市垃圾需要占用大量土地和资金。而目前征收的城市居民垃圾处理费已远远不够支出，政府每年仅垃圾处理一项就需补贴上亿元。最近，在市郊建立的一个大型垃圾填埋场，就耗资3 000多万元，而这样的填埋场可能仅够使用两年。因此，在禁止过度包装的同时，城市的垃圾分类也很重要。

三、法律法规限制过度包装

过度包装行为已经引起了国家立法机关的关注和重视。由上海市第十三届人民代表大会常务委员会第三十七次会议通过的《上海市商品包装物减量若干规定》于2013年2月1日起正式实施，这是我国第一部专门限制商品过度包装和促进商品包装物减量的地方性法规。《上海市商品包装物减量若干规定》不仅从生产环节遏制过度包装，还首度将销售环节纳入了监管范畴。对于销售违反强制性规定商品的销售者，责令停止销售，限期改正；拒不停止销售的，处以2 000元以上2万元以下罚款；情节严重的，处2万元以上5万元以下罚款。

他山之石

学习借鉴——国外控制过度包装有三招

第一招，标准控制。即对包装物的容积、包装物与商品之间的间隙、包装层数、包装成本与商品价值的比例等设定限制标准，如韩国、日本、加拿大等国家。

第二招，经济手段控制。如比利时对非纸质包装和不能满足回收要求的包装征收包装税；荷兰通过垃圾计量收费，引导消费者选择简单包装。

第三招，加大生产者责任。规定由商品生产者负责回收商品包装，通常可以采用押金制的办法委托有关商业机构回收包装。为便于回收，生产者会主动选择使用材料少、容易回收的包装设计，如德国、法国等国家。

四、提倡绿色包装

绿色包装也称“环境友好包装”，是包装行业的一种全新理念，它是指为保护环境与生命安全，合理利用资源，具备安全性、经济性和废弃物可处理与再利用性的包装。

许多发达国家把绿色包装概括为按“4R1D”原则设计的包装，即能够Reduce（减量化）、Reuse（重复利用）、Recycle（回收再用）、Refill（再填充使用）、Degradable（降解腐化）的包装。

五、绿色包装材料有哪些

绿色包装材料按照环保要求及材料用后的归属大致可分为以下几大类：

——可回收处理再造的材料：纸张、纸板材料、纸浆模塑材料、金属材料及大部分线性高分子材料（塑料、纤维）。

——可自然风化、回归自然的材料：纸制品材料（纸张、纸板、纸浆模塑材料）；可降解的各种材料 （生物降解、水降解、热氧降解、光 / 氧降解、光 / 生物降解）及生物合成材料，如草、麦秆、贝壳、天然纤维填充材料；可食性材料。这些材料在使用寿命结束之后，可在自然环境中分裂降解和还原，最终以无毒形式重新进入生态环境。

其中可食性包装材料吸引了很多人的关注。例如，澳大利亚昆士兰土豆片容器公司，研制出一种可食用的盛装炸土豆片的容器，其中添加了酸、辣、咸味道以及熏味、酱味、鸡味等不同风味，使得容器的味道并不亚于土豆片的味道。在日本，利用从壳类提取出来的脱乙酰壳多糖，制造出一种可食用的包装，用它包装的快餐面、调味品等可直接放入锅内烹调，还研制出用土豆淀粉和纤维混合制作的网兜，用它盛水果可减少大量水果包装废弃物对环境的破坏。

我国目前已将可食性果蔬液态保鲜膜用于果蔬包装保鲜。

——可焚烧回收能量不污染大气的材料：部分不能回收处理再造的线性高分子材料，部分复合型材料（塑—金属、塑—塑、塑—纸等）。

思考与行动

随着网络技术的发展，我国网络购物的用户规模不断上升，快递的纸盒包装、塑料袋包装等成为网购的附属品。

据有关媒体报道，2013年全国规模以上快递服务企业业务量累计完成91.9亿件，相应地，快递包装垃圾也多达数十亿个，其中包装垃圾又以纸箱和快递袋居多。而快递袋最后都被简单地扔到了垃圾处理场，绝大部分包装纸箱也因损坏而被简单抛弃。快递业仍在快速发展，国家邮政局的数据显示，2014年在较平淡的一季度，全国快递服务企业业务量累计完成26亿件，同比增长51.9%。这意味着，快递垃圾量也将伴随着这一增长速度而不断增加。

快递包装不容忽视。你或者你家人是否有网购的经历？收到快递后，你对其包装是如何处理的？快递包装如何做才能成为绿色包装？请同学们相互交流自己的想法。

第八课　绿色社区

你的家乡也许是自然淳朴的小镇，也许是繁华热闹的大都市。无论住在哪里，我们都希望它变得越来越美好。你对自己所居住的地方了解多少？是否曾想过如何让它变得更美好？相信在每个人的心里都有一幅想象中的家园美景，你心目中最理想的“绿色社区”是什么样子呢？是交通发达的小镇？是没有污染、鱼儿快乐悠闲、林高树密的乡村？是不见垃圾随意丢弃的城市？还是节约水、电、煤气的便利社区？欢迎大家一起来描绘一个清新、健康、美丽的绿色家园。

预习探究

分组讨论，明确可持续发展与创建绿色社区的关系。

目标

- 在反思个人行为和人类活动对环境影响的基础上关注周围的环境，并积极落实在行动上；
- 尊重本土知识和文化的多样性；
- 注意倾听他人的观点与意见，乐于与他人共享信息和资源。

（1）每个同学按表格要求进行联想填空：

一提起社区，你首先想到的是什么词		
社区有哪些方面与环境保护和可持续发展相关	相关方面	体现哪些可持续发展的目标
社区在可持续发展中应扮演什么样的角色？写出你的调查建议		

（2）3～5人一组，交换各自的意见，并讨论为什么要创建绿色社区？归纳出本组的观点。

（3）每组选派一人报告本组的意见，与全班分享。

可持续发展涉及社区建设的各个方面，仅在课堂上进行可持续发展教育是远远不够的，课堂之外，社区中物资的使用、环境的建设、文化氛围的营造等都与可持续发展相关，并成为可持续发展的有机组成部分。它不仅是全社区居民休闲的场所，而且为同学们的学习和行动提供了实践机会，使同学们通过与环境的直接接触来获得对可持续发展更深刻的认识。

因此，通过讨论，我们应该在达成以下共识：可持续发展注重个体的参与和行动，而绿色社区的创建正体现了这一要求。绿色社区的创建为可持续发展提供了场所，为同学们提供了参与可持续发展教育的实践机会，并成为对同学们进行可持续发展教育的重要手段，是实施可持续发展教育的重要阵地和主要载体。同时，它又是可持续发展教育的重要内容，是可持续发展在社区中的具体表现。

参与与展示

活动一：我理想中的绿色社区

目的：设计理想的绿色社区，理解其内涵，并体会创建绿色社区的艰巨性。

步骤方法：角色扮演

（1）将学生随机分为5组。

（2）每组派一人抽签决定小组角色：居委会主任（社区管理者）组、居民（生活在社区中的人）组、学生（年轻人）组、老年人组和中年人组。

（3）每组讨论的问题：

- 你理想中的绿色社区是怎样的？
- 社区的哪些方面应体现可持续发展的思想？
- 你认为创建绿色社区面临的问题是什么？如何解决？

（4）各小组展示，用文字或图画描绘绿色社区的蓝图。

通过讨论和设计，我们会发现，理想的绿色社区包括社区工作的方方面面，既涉及社区的硬环境，如社区的布局、社区的绿化美化等，又包括社区的软环境，如观念、管理、氛围等；还包括社区内的运作和与社区的联系和沟通。如：

- 愉悦和谐的文化氛围
- 共建发展的社区环境
- 民主开放的社区管理
- 健全的环境监督管理体系
- 有效的污染防治措施
- 优良的生态环境
- 较高的居民整体环境意识水平

活动二：绿色社区的评估

对社区进行绿色评估，可通过各种形式进行。例如，通过采访、访谈、问卷调查等形式了解管理者及社区居民的环境意识、价值观、伦理道德观、对环境的态度及责任心；了解社区居民有关环境的知识及技能；通过自然观察评定其对环境的行为等。

在下面绿色社区实践的问题中，选出一个具体问题，如社区的硬件建设、社区管理及文化氛围建设等，使用下表进行评估，并提出建议和行动计划。

<table>
<tr><th colspan="2">评估对象</th><th></th><th>评估人</th><th></th><th>日期</th><th></th></tr>
<tr><td colspan="3">优势</td><td colspan="4"></td></tr>
<tr><td colspan="3">劣势及原因</td><td colspan="4"></td></tr>
<tr><td colspan="3">建议改进措施</td><td colspan="4"></td></tr>
<tr><td rowspan="3">行动计划</td><td colspan="2">谁做什么</td><td colspan="4" rowspan="3"></td></tr>
<tr><td colspan="2">何时做</td></tr>
<tr><td colspan="2">如何做</td></tr>
</table>

评估对象1：社区政策

- 有无关于社区环境价值观、伦理道德方面的声明？
- 有无关于社区实施环境教育的规划？
- 是否制订了绿色社区的计划？履行其承诺了吗？
- 有无节能、节水、节纸、废物回收等方面的规章？
- 现有的环境政策是否全面、合理、完善？应做哪些改进？

评估对象2：社区环境

- 社区内能否感受到“关心环境、爱护环境”的气氛？
- 社区的环境是否清爽宜人、赏心悦目？
- 社区的花草树木多吗？
- 社区内有无乱扔垃圾、乱涂乱画、故意破坏环境的行为？

评估对象3：社区管理者

- 你能说出几个有关环境保护的法规吗？
- 近年来你们社区的绿化面积在增加还是减少？
- 你对社区的环境感到满意吗？
- 你能为保护和改善社区的环境做些什么？

习得与领会

一、什么是绿色社区

绿色生活方式包含5个“R”：Reduce——节约资源，减少污染；Re-evaluate——绿色消费、环保选购；Reuse——重复使用、多次利用；Recycle——垃圾分类、循环回收；Rescue Wildlife——救助物种、保护自然。与此同时，还包含着绿色社区标准、绿色社区居民环保公约、绿色环保知识等丰富内容。

绿色社区是指具备了一定的符合环保要求的硬件设施、建立了较完善的环境管理体系和公众参与机制的社区。就硬件而言，包括绿色建筑、社区绿化、垃圾分类、污水处理，以及节水、节能和新能源利用等设施。而软件则包括一个由政府各有关部门和社会各界参与的联席会，一个垃圾分类清运系统，一块有一定面积和较好质量的绿地，一支起先锋骨干作用的绿色志愿者队伍，一个普及环保科学知识的宣传阵地和一定数量的绿色文明家庭。

二、绿色家庭是创建绿色社区的关键

绿色家庭是积极参与社区环保活动、带头实施绿色生活方式的家庭。通过这些家庭影响和带动其他家庭选择绿色生活方式，使更多的家庭加入绿色家庭的行列。创建“绿色家庭”是实施绿色社区的一项细胞工程，绿色社区的每个家庭都要通过选择绿色生活方式来参与环保。

三、绿色社区的创建

理想绿色社区的蓝图为绿色社区的实践提供了奋斗目标。但当我们面对我国社区的现实时，我们会发现差距是巨大的，对现存的有强大结构组织的变革，单靠个人的力量是不行的。但这项工作本身所具有的挑战性却给中国社区的发展带来了前所未有的机遇。要实现理想绿色社区的蓝图，需要所有成员的共同参与，并对社区现有的思想观念、管理方式、社区建设等进行一系列的改革。

创建绿色社区，绝不只是种花、种草、栽树这么简单，它还关系到节省资源、减少污染、实施开放的管理、强调分享的观念、营造和谐的人际环境、尊重多样化的文化和价值取向等更重要的方面。因此，那种试图只通过对社区进行凤毛麟角的改进就达成绿色社区的想法是错误的，也是不切实际的。绿色社区的建成，需要从整体上、根本上进行系统的改造。绿色社区的创建是可能的，不管社区原有基础如何，关键在于我们能否抓住机遇，从我做起，从现在做起。

思考与行动

绿色社区既然是一个非常好的项目，那么为什么在现实生活中真正实施的社区很少，问题在哪里？请写出你们正在做和想要做的改变社区的计划。

举例	对目标的积极或消极影响	实际正在做的和想要做的
社区风气		
社区教育专栏的布置		
……		
理论和实际的差距是什么？		
缩小这种差距的策略是什么？		
怎样调动社区居民参与的积极性？		

天津滨海新区的中新天津生态城，是一个国际生态城样板。而这个地方原来的情况却是：1/3是盐碱荒地，1/3是废弃盐田，还有1/3是污染水面。

2009—2012年，生态城成功地改造了污水库的“死水”。污水全部被处理，重度污染的淤泥转运到区外烧制成建筑陶砾；中度污染的底泥经处理后用来填埋建造一座人工岛和新建环保公园；轻度污染底泥用来当做路基垫土，实现了资源循环利用和零废物目标。5年时间里，完成了30 km^2征地拆迁和土地平整。

天津生态城鸟瞰

生态城里每户都装了太阳能热水器，一个月水电费加在一起也就几十块钱。生态城还全面推行垃圾分类，同时通过构建水循环体系，将生活污水和雨水集中处理，转化为绿化水、景观水以及生活和公建用再生水，使得非传统水资源利用率超过20%。

拥堵以及由此引发的空气污染，是不少大城市的通病。在生态城，道路两边都规划了宽5 m的慢行道，提供给公共交通和自行车，步行的路面宽度远大于其他机动车道。

建设生态城，除了材料中提到的几个方面，你还能想到什么？请为生态城的继续建设与完善提供建议。

第九课　绿色家居

当今社会，人们生活好了，投入巨款装修房子成了很多家庭的共同经历。然而，有谁会想到，装修的同时却很可能在身边埋下了一颗“定时炸弹”。现代人3/4以上的时间是生活在室内的。可以这样说，人类健康的凶手，就暗藏在我们每个人的身边。因此，室内污染确实是一个值得引起所有人重视和亟待解决的问题。

预习探究

（1）同学们分为3组，设小组长。

（2）设定3个课题，分别为室内的化学污染、物理污染和生物污染。

（3）小组成员通过网上搜索或者查阅资料，了解这三方面的室内污染，弄清污染的来源、危害以及污染监测的方法。

思考：我们能完全避免室内污染吗？

目标

- 了解室内污染物的来源；
- 了解室内环境对人体健康的影响；
- 了解绿色家装设计需要考虑的内容，清楚什么样的材料符合绿色家装的要求。

参与与展示

活动一：了解绿色家装

某业主聘请家装“游击队”装修新居，结果室内甲醛含量严重超标，主卧室和老人房分别超标11倍和17倍，根本无法入住。造成这套房子甲醛严重超标的主要原因就是家具制作过程中使用了大量的劣质大芯板、宝丽板，木器制作数量过多。2004年，建设部、中国消费者协会已公布的数据表明，关于房屋装修方面的投诉每月高达12 000件。全国每年由于室内空气污染引起的死亡人数已达11.1万，每天大约304人，相当于全国每天因车祸死亡的人数。

请同学们思考：

（1）装修材料（如地板、油漆）带来的主要污染是什么？预防措施有哪些？

（2）家电会带来哪些污染？

活动二：绿色家装设计

活动目的：

通过绿色环保家居设计，理解绿色家装的定义。

方法与内容：

将同学们分为3组，每组设一名小组长。

每组学生设计一份绿色家装设计方案。

小组成员通过网上搜索或者查阅资料，了解绿色家装，制定出具体的绿色环保家装设计方案。

根据大家设计的绿色环保家装设计方案，评比最佳方案，并说出为什么是最佳方案。讨论什么是绿色环保家装？怎样才能做到绿色环保家装？

习得与领会

一、室内污染

室内污染是因房屋或室内装饰装修物，或因家电用品等释放有害物质，导致室内环境质量下降，影响人们的正常生活和健康的现象。按其表现形式分为：室内空气污染、室内放射性污染、室内电磁辐射污染和室内光污染。

1. 室内空气污染

室内空气污染主要是由于建筑装饰材料或室内家具用品向外释放氨、甲醛和苯类物质造成的，而且氨、甲醛和苯类物质的装修污染具有持续发散特性。因而被称为“居室三大害”。

室内空气中氨超标主要是冬季修建房屋在混凝土中加入含有尿素的防冻剂造成的。甲醛和苯类物质超标则是室内装修使用大量人造板材和黏合剂造成的。其浓度还会受到温度、湿度、风力、门窗开启次数等诸多因素的影响。甲醛由于是存在于人造板材的内部，所以，挥发期比较长，一般要3～15年才能完全挥发，这些室内空气污染物包围全球近1/2的人，导致人体35.7%的呼吸道疾病、22%的慢性肺病和15%的气管炎、支气管炎和肺癌。它们造成的是多系统、多器官、多组织、多细胞、多基因的损害。

2. 室内放射性污染

室内放射性污染，主要是在建筑和装修房屋时，使用含有放射性元素的建筑材料引起的，如大理石石材、花岗岩石材、陶瓷器具和瓷砖、水泥等。这些放射性元素在衰变过程中会产生放射性物质氡及其子体。

氡是一种放射性的惰性气体，与人的脂肪具有很强的亲和力。如果人们长期生活在含氡较高的环境中，氡就会通过呼吸道沉积在气管、支气管和肺中，从而使局部组织受到放射性损害，甚至诱发癌症。氡是除吸烟以外引起肺癌的第二大因素。

室内环境中的氡主要有以下几个来源：①地下地基土壤。地基土壤的扩散，通过地表和墙体裂缝进入室内；②地下水；③室外大气；④天然气的燃烧；⑤建筑材料和室内装饰材料，特别是一些矿渣砖、炉渣砖等建筑材料（通常都含有不同程度的镭）和那些含铀高的室内装饰材料，如花岗岩和瓷砖等。

3. 室内电磁辐射污染

室内电磁辐射污染是人们在室内使用各种家电过程中所产生的电磁辐射造成的。现代家庭中家用电器被大量使用，特别是这些家用电器都处于距离人体很近的地方，尽管它的辐射作用范围小，但是由于人体受电磁场的作用时间较长，因此受到的危害更大。

所以不要坐在近处看电视；不要将电子闹钟或收音机放在床头；不要长时间坐在计算机屏幕前工作；使用微波炉时要将其放在距人体2 m远的地方；使用电动剃须刀

和吹风机时不要超过2.5min。

4. 室内光污染

不少家庭在选用灯具和光源时，往往仅考虑豪华的一面，把灯光设计成五颜六色，十分刺眼。殊不知，耀眼的灯光除危害人的视力外，还能干扰人的中枢神经系统。因此，有人出现头晕目眩、失眠、注意力不集中、食欲下降等症状。光污染还会削弱婴幼儿的视觉功能，影响儿童的视力发育。还有的办公室大量使用无屏蔽的荧光灯，荧光灯发出的紫外线能促使人体细胞大量死亡，长期在办公室工作的人相当于多照射5%的紫外线。

因此，室内照明装修兴起一种装修新理念，即“绿色光环境”。它通过对室内灯光科学合理的布置，达到环保、健康、节能和舒适的室内光效果。

绿色光环境主要应该包括以下六个方面要求：

功能要求：根据不同的空间、场合、对象选择不同的照明方式和灯具，并保证恰当的照度和亮度。例如：卧室要温馨，书房和厨房要明亮、实用等。

美观要求：人们可以通过对灯光的明暗、隐现、抑扬、强弱等有节奏的控制，以及不同造型、材料、色彩、比例、尺度的灯具，充分发挥灯光的光辉和色彩的作用，为室内环境增添情趣。

协调要求：在选择和设计灯光和灯具时，一是要考虑灯饰与室内装修及家具风格的和谐配套。二是要注意灯具与居室空间大小、总的面积、室内高度等条件的协调，并以此来选择灯具的尺寸、类型。三是要注意色彩的协调，即冷色、暖色要视用途而定。

科学要求：要避免眩光，合理分布光源。如顶棚光照明亮，使人感到空间增大、明快开朗，顶棚光线暗淡，使人感到空间狭小、压抑；光线照射方向和强弱要合适，避免直射人的眼睛。

经济要求：大力提倡使用节能和绿色光源。

安全要求：玻璃、陶瓷制品晶莹光洁，但质脆易碎。塑料灯具经济美观，但易老化。金属灯具光泽好且坚固，但易漏电和短路。灯具的支架、底座等必须紧固。有些灯饰的金属元件、接线点、铜螺丝、塑料导

充分利用自然光

线、开关要及时换配件更新。

二、绿色家装设计的注意事项

（1）采光。居室内要尽量加大自然采光量，设计中尽量少做遮光的隔断，少用毛玻璃等。

（2）通风。为保证空气流通，少做不必要的隔断，必须做的，设计时要考虑通风的因素。

（3）隔音。应保证活动区和休息区互不影响。有条件的会客厅应尽量远离卧室和书房。

（4）环保。用材环保，考虑噪声污染和视觉污染，提倡轻装修或装饰。

（5）绿化。设计中要尽量营造生活在大自然中的感觉，并为后期绿化创造条件。

思考与行动

现在都流行环保装修，那么我们家庭装修如何做到节能环保呢？某家装行业专家提出，室内节能装修关键在于设计和施工时做好保温、节水和节电三个方面。

就保温而言，装修时，窗帘要尽量选择布质厚密、隔温效果较好的；注意不要破坏墙面内原有的保温层；定制大门时可要求生产厂家填充玻璃棉或矿棉等防火保温材料。节水的重点是在厨房、卫生间安装节水龙头和流量控制阀门，选用节水马桶和节水洗浴器具；还要注意尽量缩短热水器与出水口的距离，并对热水管道进行保温处理。节电方面除了要选择节能灯具外，还可选择有调光功能的开关；客厅内尽量不要安装式样太过繁杂的吊灯。

根据以上材料和已学知识，想想你家里哪些地方属于节能环保的装修？是如何做到节能环保的？哪些地方不属于节能环保的装修？应该采取什么措施使之符合环保装修的理念？